www.tredition.de

AF196250

Heiko Karl Ital

„Selbstorganisiertes Lernen" - Die Französische Revolution von 1789

Unterrichtsvorhaben zur Französischen Revolution im Geschichtsunterricht einer 8. Klasse (Gymnasium)

www.tredition.de

© 2017 Heiko Karl Ital

Verlag und Druck: tredition GmbH, Grindelallee 188, 20144
Hamburg

ISBN
Paperback: 978-3-7439-5042-9
Hardcover: 978-3-7439-5043-6
e-Book: 978-3-7439-5044-3

„Selbstorganisiertes Lernen" – Die Französische Revolution von 1789

Unterrichtsvorhaben zur Französischen Revolution im Geschichtsunterricht einer 8. Klasse (Gymnasium)

Heiko Karl Ital

Associate Professor

German Department of Interpretation & Translation

Hankuk University of Foreign Studies (Südkorea)

www.hufs.ac.kr

Wir behalten von unsern Studien am Ende doch nur das, was wir praktisch anwenden.

Johann Wolfgang von Goethe

(1749 - 1832), gilt als einer der bedeutendsten Repräsentanten deutsch-sprachiger Dichtung

Quelle: Goethe, Gespräche. Mit Johann Peter Eckermann, 24. Februar 1824

Inhaltsverzeichnis

1. Einleitung

1.1 Ziel der Arbeit

Seitdem es Schule gibt, wird über die Wirksamkeit derselbigen nachgedacht, was nicht zuletzt zu zahlreichen Reformvorschlägen mit dem Ziel einer Optimierung des schulischen Outputs geführt hat. Ein in der Praxis oft zu beobachtendes Problem des Schulalltags ist es, dass bei vielen *Schülerinnen und Schülern*[1] ein nachhaltiger Erwerb von Kenntnissen im Rahmen des Unterrichtsgeschehens nicht gewährleistet ist. Ein Konzept, das diesem Phänomen entgegenwirken soll, ist das Selbstorganisierte Lernen (SOL), dessen Wurzeln im Bereich der Wirtschaft liegen und das in diesem Sektor bei der Optimierung von Arbeitsergebnissen beachtliche Erfolge erzielt.

Herold/Landherr haben das Konzept Selbstorganisiertes Lernen für eine Nutzung im Rahmen der Schule adaptiert. Adressaten sind in erster Linie Schüler der gymnasialen Oberstufe. Die dabei angestrebte Unterrichtsentwicklung und Veränderung der Lernkultur zeigt, dass es sich nicht nur um neue Methoden handelt. Das systemische Lernkonzept Selbstorganisiertes Lernen soll eine Verknüpfung von Lerninhalten mit methodischen, personalen und sozialen Kompe-

---

[1] Aus textökonomischen und stilistischen Gründen wird zukünftig nur noch von *Schülern* gesprochen, ohne das weibliche Geschlecht benachteiligen zu wollen.

tenzen implizieren. Übergeordnetes Lernziel ist selbstverantwortliches Arbeiten, sowohl individuell als auch im Team, um durch das erhöhte Maß an Verantwortung für die eigene Lernorganisation zu besseren Lernleistungen zu gelangen, die mit nachhaltigerem Erwerb von Kenntnissen einhergehen.

Durch Anregung aus meinem schulpraktischen Seminar habe ich mich zunehmend mit dem Konzept des Selbstorganisierten Lernens beschäftigt, was bei mir das Interesse weckte dasselbe im Rahmen eines Unterrichtsvorhabens zur Französischen Revolution im Geschichtsunterricht einer 8. Klasse zu erproben. Ziel dieser Arbeit soll es sein, mithilfe des systemischen Ansatzes von Selbstorganisiertem Lernen einen effektiven und nachhaltigen Erwerb von Kenntnissen zur Französischen Revolution zu erproben.

Wie bereits oben erwähnt wurde, ist Selbstorganisiertes Lernen im schulischen Bereich ursprünglich für den Gebrauch in der gymnasialen Oberstufe entwickelt worden. Da es sich bei dieser Lernform jedoch um ein höchst komplexes System handelt, dass nicht nur unterschiedlichste Kompetenzen fördert, sondern auch in ihren Grundlagen voraussetzt, muss man meiner Ansicht nach schon in der Sekundarstufe I die Schüler an das Grundmuster des Selbstorganisierten Lernens heranführen. Dadurch wird ihnen im Laufe ihrer Schulausbildung die Möglichkeit geboten, eine Ausweitung, Variation und Anwendung des Konzepts in verschiedenen Zusammenhängen zu erfahren, um ihren Lernprozess zu optimieren.[2] Dass Schüler einer 8. Klasse ihre Lernprozesse gemäß des Rahmenplans selbst organisieren, kann jedoch nur ein übergeordnetes Ziel sein, da dies erst nach mehrfachem Einsatz über einen längeren Zeitraum erzielt werden kann.

Im Rahmen dieser Arbeit soll der Kenntniserwerb bei einem SOL-Arrangement exemplarisch anhand von einzelnen Unterrichtsphasen untersucht werden. Bei den Phasen kommen der Advance Organizer, das Gruppenpuzzle sowie die Sortieraufgabe und das Strukturlegen als Elemente des Selbstorganisierten Lernens zum Einsatz und sollen mithilfe zweier Lernerfolgskontrollen evaluiert werden.

1.2 Struktur der Arbeit

Die vorliegende Arbeit gliedert sich in sieben Kapitel. Nach der Einleitung wird sich in Kapitel 2 mit den theoretischen Grundlagen des Selbstorganisierten Lernens befasst. Hier wird zunächst das System Selbstorganisiertes Lernen als Ganzes vorgestellt, bevor dann die bereits genannten Elemente Advance Organizer, Gruppenpuzzle, Sortieraufgabe sowie Strukturlegen genauer betrachtet werden. Abgeschlos-

---

[2] Vgl. Herold, M./Landherr, B. (2003): Selbstorganisiertes Lernen: SOL; ein systemischer Ansatz für Unterricht. Berlin; Weilheim/Teck. S. 3.

sen wird dieses Kapitel mit den verschiedenen Einsatzmöglichkeiten von Selbstorganisiertem Lernen. In Anbetracht dessen, dass Herold/Landherr dieses Unterrichtskonzept für die Schule entwickelt haben, beziehe ich mich in dieser Arbeit vor allem auf ihre Publikationen[3] zu diesem Thema.

Der Planung der Unterrichtseinheit widmet sich Kapitel 3. Nachdem die Unterrichtsvoraussetzungen erläutert sind, werden die Grob- und Feinlernziele der Unterrichtseinheit festgelegt. Danach wird der inhaltliche Komplex der Französischen Revolution unter dem Darstellungsschwerpunkt dieser Arbeit aufgegriffen und didaktisch reduziert. Nach den didaktisch-methodischen Entscheidungen wird die Unterrichtseinheit durch eine Synopse veranschaulicht.

Im vierten Kapitel erfolgt zunächst eine Begründung der Stunden-/Phasenauswahl, bevor dann die entsprechenden Stunden/Phasen der Einheit in ihrer Durchführung vorgestellt und analysiert werden. Bei dieser Analyse wird unter dem Gesichtspunkt „Erwerb von Kenntnissen" das Augenmerk auf die Übereinstimmung von Planung und Durchführung, Schülerreaktionen sowie Alternativvorschläge gelegt.

Die Evaluation des Erwerbs von Kenntnissen zur Französischen Revolution ist Bestandteil des fünften Kapitels und Grundlage für die abschließende Gesamtreflexion. In den

---

[3] Herold, M./Landherr, B. (2001): Selbstorganisiertes Lernen: SOL; ein systemischer Ansatz für Unterricht. Hohengehren; siehe auch Fußnote 2.

Kapiteln 6 und 7 findet man sowohl das Verzeichnis der verwendeten Literatur als auch eine Dokumentation, die zur Veranschaulichung dieses Unterrichts- bzw. Untersuchungsvorhabens beisteuert.

2. Theoretische Grundlagen

2.1 Das System Selbstorganisiertes Lernen

Laut Herold/Landherr ist Selbstorganisiertes Lernen keine Methode, sondern „ein ganzheitliches, zielorientiertes Lehr-/Lernsystem für individuelles und kooperatives Lernen"[4]. Bei diesem Ansatz werden zwar auch neue Methoden angewandt, jedoch sind diese sowohl in ein inhaltliches als auch in ein pädagogisches Konzept integriert, das zu einer neuen Lern- und Unterrichtskultur führen soll. Die Entwicklung des Selbstorganisierten Lernens basiert zwar auf pädagogischen und psychologischen Forschungsergebnissen, dennoch handelt es sich dabei nicht um ein wissenschaftliches Konzept. Vielmehr gründet es auf der aktuellen Schulrealität und versucht mit Praxisnähe die Schüler auf ihrem Weg zu selbständigerem und selbstverantwortlicherem Arbeiten und Lernen anzuleiten.[5]

---

[4] Herold/Landherr 2001, S. 5.
[5] Vgl. Herold/Landherr 2003, S. 4.

Selbstorganisiertes Lernen hat auch Auswirkungen auf das Rollenverständnis zwischen Schülern und Lehrern. Das bedeutet nicht zuletzt, dass über mehrere Generationen hinweg fest in der Gesellschaft etablierte Schemata von Schule und Lernen neu gedacht werden müssen. In der Schulpraxis bedeutet dies, dass der Lehrer seinen angestammten Platz im Zentrum des Unterrichtsgeschehens räumen muss, da der systemische Ansatz Selbstorganisiertes Lernen die traditionelle Lehrerrolle als Wissensvermittler hin zu der vom Lernberater reformieren will.

Beim Selbstorganisierten Lernen ist beabsichtigt sowohl fachliche als auch überfachliche Kompetenzen an die Schüler heranzutragen, um sie für die Herausforderungen der zukünftigen Berufs- und Arbeitswelt zu wappnen. Außerdem soll dadurch versucht werden den Forderungen der Gesellschaft Rechnung zu tragen, die von der Schule die Heranziehung mündiger, handlungsorientierter Bürger verlangt. Dies kann allerdings nicht durch eine vom Lehrer detailliert geplante Aneinanderreihung diverser Lehr- und Lernmethoden geschehen, sondern setzt gänzlich erweiterte Kompetenzen auf Seiten der Schüler, eine veränderte Lehrer-/Schülerrolle sowie eine neue Gruppenorganisation voraus, die zu der angestrebten neuen Lernkultur führen.[6]

---

[6] Vgl. Herold/Landherr 2001, S. 5.

Diese neue Lernkultur ist jedoch nicht mit bestehenden hierarchischen bzw. autoritären Führungsstrukturen zu vereinbaren. Die Fraktale Organisation des Selbstorganisierten Lernens orientiert sich ihrem Wesen nach an der Natur. Dabei ist auf Grundlage der Chaos- und Komplexitätsforschung darauf zu verweisen, dass die Selbstorganisationsfähigkeit von Systemen durch überzogene Strukturierungen und stabile Ordnungen zerstört wird. Aus diesem Grund ist ein Zustand begrenzter Instabilität erforderlich, damit Systeme sich selbst organisieren können.[7]

Ziel von Selbstorganisiertem Lernen ist nicht nur die Aneignung von fundiertem sowie vernetztem Fachwissen gepaart mit individueller und kooperativer Lernkompetenz, sondern auch die Förderung personaler, sozialer und methodischer Kompetenzen.[8]

Im Gegensatz zu dem Selbstgesteuerten Lernen wird beim Selbstorganisierten Lernen berücksichtigt, dass im gegenwärtigen Schulsystem eine umfassende Selbstbestimmung des Lernenden nicht realisiert werden kann. Der Zwangscharakter der Schule sticht sowohl durch die allgemeine Schulpflicht als auch die durch Rahmenpläne vorgegebenen Unterrichtsinhalte hervor. Hier setzt der neue Ansatz ein, der den Schüler im Rahmen der allgemeinen Vorgaben seinen

---

[7] Vgl. ebenda.
[8] Siehe auch Kapitel 1.1.

Lernprozess zunehmend selbständig ordnen und strukturieren, mit anderen Worten selbst organisieren lassen will. In welchem Maß diese Zielformulierung von Schülern erreicht werden kann, hängt von Faktoren wie dem Alter und Reifegrad der Schüler, dem angestrebten Bildungsabschluss sowie den methodischen Fähigkeiten der Lehrer ab.

Es ist an dieser Stelle darauf hinzuweisen, dass zwischen methodischen, personalen sowie sozialen Kompetenzen und dem Fachwissen kein Konkurrenzverhältnis zueinander besteht, sondern gerade eine Vernetzung dieser Kompetenzen miteinander angestrebt wird. Außerdem muss beim Selbstorganisiertem Lernen stets ein ausgewogenes Verhältnis zwischen Individualität und Gruppenwerten gefunden werden, da der individuelle Lernprozess mit dem Erreichen sozialer Lernziele konform sein sollte. Die didaktisch-methodische Grundlage dafür ist das Sandwichprinzip, das aus einem systematischen Wechsel von individuellen und kollektiven Arbeitsphasen besteht. Damit sollen möglichst viele unterschiedliche Lernbedürfnisse, Lerntypen und Lernwege im Rahmen des Unterrichts berücksichtigt werden.

Bei einer Unterrichtseinheit des Selbstorganisierten Lernens wird zunächst auch von einer oder mehreren Problemstellungen ausgegangen. Jedoch wird die Wissensaneignung daraufhin mit einer vernetzten Übersicht initiiert. Während die einzelnen Punkte zunächst recht oberflächlich behandelt werden können, ist besonders auf die Herausstellung der Vernetzungen/Zusammenhänge zwischen ihnen zu achten. Indem man sich mit dem Problem und seinen Strukturen beschäftigt, gelangt man allmählich auch zu der gewollten fachlichen Tiefe. Man spricht in diesem Zusammenhang auch von einer nichtlinearen Didaktik. Dieser Weg, von der Übersicht hin zum Detail, ist für die Schüler wesentlich leichter zu durchschauen, als umgekehrt.

2.2 Ausgewählte Elemente des SOL

Im Rahmen dieser Arbeit sollen im unterrichtspraktischen Teil wesentliche Elemente des Selbstorganisierten Lernens analysiert werden. Es handelt sich dabei um den Advance Organizer, die Sortieraufgabe und das Strukturlegen sowie das Gruppenpuzzle, die Bausteine der unteren Stockwerke des „Sandwichhauses" von Herold/Landherr[9] sind und einen entscheidenden Beitrag zum nachhaltigen Erwerb von Kenntnissen leisten sollen. Im Folgenden werden die theoretischen Grundlagen dieser Elemente vorgestellt.

2.2.1 Advance Organizer

---

[9] Vgl. Herold/Landherr 2001, S. 80.

Dabei handelt es sich um eine der Wissensaneignung vorausgehende Lern- bzw. Organisationshilfe, die das Fundament selbstorganisierter Lernprozesse und damit der fraktalen Unterrichtsorganisation bildet. Mithilfe des Advance Organizer wird der Unterrichtsgegenstand der Stunde/Reihe in einer nichtlinearen Struktur visualisiert.

Der Advance Organizer soll den Schülern eine klare übersichtliche Zielorientierung ermöglichen. Ebenso wie ein Auditorium die Gedanken, den Redeaufbau und die Schlussfolgerungen eines Referats besser verstehen kann, wenn das Thema, die Ziele und die Struktur durch den Referenten zu Beginn seines Vortrags bekannt gegeben worden sind, so liegen vor allem bei Schülern in selbstorganisierten Unterrichtsprozessen Orientierung und Lernerfolg eng nebeneinander. Grund dafür ist, dass das menschliche Gehirn die vielen einzelnen Bausteine seines Wissens in Schemata bzw. Modellen organisiert. Herold/Landherr sprechen davon, dass es „kognitive Landkarten"[10] anlegt, um neue Informationen in vorhandene Strukturen aufnehmen zu können und sie miteinander zu vernetzen. Damit wird die Behaltensleistung erhöht (Nachhaltigkeit des Erkenntniserwerbs) und neue Informationen können leichter aufgenommen werden (Effektivität).

---

[10] Vgl. Herold/Landherr 2001, S. 62.

Durch die allgemeine Struktur des Advance Organizer fällt es den Schülern leichter das neu hinzukommende Fachwissen mit ihrem bereits vorhandenen Wissen bzw. ihren Grundlagenkenntnissen zu verknüpfen. Zur Gestaltung einer „Lernlandkarte"[11] kann man kurze Texte, Tabellen, Bilder, Graphiken etc. verwenden. Reine Ablaufpläne oder Zeitraster sind keine Advance Organizer, da durch sie keine Verknüpfungen visualisiert werden können.

Da das menschliche Gehirn nicht alle Informationen, die auf es einströmen speichern kann, werden sie selektiv wahr- und aufgenommen. Der Advance Organizer unterstützt diesen Prozess und hilft somit bei der Auswahl aller relevanten Informationen. Bezogen auf die bereits genannte Einbettung neuen Fachwissens in bereits vorhandene Wissensstrukturen steigen die Lernleistungen bei gleich bleibender Lernzeit um 10 bis 18%.[12] Auch trägt er dazu bei, dass beim Erkenntniserwerb neue Informationen weder falsch aufgenommen noch mit ähnlichen Inhalten verwechselt werden. Auch die Nachhaltigkeit des Erkenntniszugewinns ist umso größer, je länger z.B. die Unterrichtseinheit zurückliegt. Dafür verantwortlich ist das Gerüst, indem die Informationen verankert und durch den Advance Organizer strukturiert sind. Auch

---

[11] Vgl. ebenda.
[12] Vgl. ebenda, S. 64.

die um 10 bis 15% besseren Transferleistungen lassen sich auf die Nutzung eines Advance Organizer zurückführen.

2.2.2 Sortieraufgabe und Strukturlegen

Die Sortieraufgabe und das Strukturlegen dienen im Rahmen des Selbstorganisierten Lernens als individuelle Verarbeitungshilfen für im Unterricht erworbene Kenntnisse. Von dem zuvor behandelten Unterrichtsgegenstand versucht der Lehrer ca. 30 Begriffe auszuwählen, die in einem bestimmten Verhältnis zueinander stehen. Diese werden auf ein DIN-A4 Blatt geschrieben, entsprechend der Anzahl der Schüler vervielfältigt und daraufhin von ihnen ausgeschnitten. Nun werden die Schüler damit beauftragt sich zu jedem der vor ihnen ungeordnet liegenden Begriffe in Form von Einzelarbeit zu fragen, ob sie mindestens einen zusammenhängenden Satz zu jedem der Begriffe sagen können. Wenn ja, dann sollen sie das Kärtchen mit dem jeweiligen Begriff auf einen „weiß ich"-Stapel legen, wenn nicht auf einen „weiß ich nicht"-Stapel.

Man kann davon ausgehen, dass bei dieser Methode, gerade wenn man sie zum ersten Mal mit den Schülern durchführt, einige Kärtchen auf den „weiß ich"-Stapel gelegt werden, wo sie eigentlich dem Kenntnisstand des jeweiligen Schülers entsprechend unangebracht sind. An dieser Stelle sollte der Lehrer nicht zu genau hinsehen, da sich spätestens nach mehrmaliger Anwendung dieser Methode die Einsicht der Schüler herausgebildet haben wird, dass an dieser Stelle eine Verletzung der Spielregeln für sie selbst kontraproduktiv ist.

Daraufhin findet entweder in Partnerteams oder Dreiergruppen eine Fragerunde statt, in der die Begriffe vom „weiß ich nicht"-Stapel geklärt werden sollen. In dieser Kollektivphase kann sich jeder Schüler mit seinen erworbenen Kenntnissen einbringen

Nachdem alle Begriffe bei allen Schülern der Klasse geklärt sind, besteht die Möglichkeit mit den Begriffen in Form des Strukturlegens weiterzuarbeiten. Hierbei handelt es sich wiederum um eine individuelle Arbeitsphase, bei der die Schüler die Aufgabe haben die bereits o.g. ca. 30 Begriffe in einer für sie sinnvollen Struktur anzuordnen. Es kann anfangs erforderlich sein, dass der Lehrer bei Fragen der nichtlinearen Anordnung oder der Clusterbildung erläuternd eingreifen muss. Bei den Schülerergebnissen wird es nicht die einzig richtige Lösung geben, sondern jeder Schüler wird mit den Begriffen die für ihn zum derzeitigen Punkt richtige Struktur bilden. Damit kann der Lehrer einen unverfälschten Eindruck in die Gedankengänge der einzelnen Schüler gewinnen. Außerdem hat er die Möglichkeit sich die unterschiedlichen Strukturen erklären zu lassen und über Aufsehen erregende Lösungsmöglichkeiten zu staunen. Sicherlich wird man auch die ein oder andere fachlich falsche Anord-

nung entdecken, auf die man natürlich korrigierend einzu-
wirken hat. In einem solchen Fall kann es allerdings proble-
matisch sein, wenn eine von dem entsprechenden Schüler
einmal gemachte gedankliche Konstruktion revidiert werden
soll.

Ziel des Strukturlegens ist es, neu erworbene Fachkenntnisse
individuell zu ordnen und nachhaltig zu speichern. Während
eigenhändig erstellte Konstruktionen nach Wochen fast de-
tailgetreu wiederhergestellt werden können, können nur optisch wahrgenommene nichtlineare Anordnungen lediglich
bruchstückhaft oder überhaupt nicht rekonstruiert werden.
Besonders sinnvoll ist es daher, wenn man selbständig kon-
struierte Anordnungen z.B. durch Aufkleben der Kärtchen
fixiert und eventuell durch Verbindungslinien, Beschriftun-
gen etc. ergänzt, um den Unterrichtsstoff bei Bedarf best-
möglich wiederholen zu können.

2.2.3 Gruppenpuzzle nach Frey-Eiling/Frey[13]

Herold/Landherr gehen in ihrer Veröffentlichung[14] m.E. nur
sehr oberflächlich auf das Gruppenpuzzleprinzip ein. Aus
diesem Grund werden hier die Forschungsergebnisse von
Frey-Eiling/Frey herangezogen, die sich mit der theoreti-

---

[13] Frey-Eiling, A./Frey, K. (2000): „Das Gruppenpuzzle." In: Wiechmann,
Jürgen (Hrsg.): Zwölf Unterrichtsmethoden. Weinheim; Basel. S. 50-57.
[14] Herold/Landherr 2001, S. 78f.

schen und praktischen Erforschung des Gruppenpuzzles mehrere Jahre intensiv auseinandergesetzt haben. Ihre detaillierte Struktur des Ablaufplans und die Phasen der Selbst- bzw. Lernkontrolle[15] erscheinen mir in Bezug auf den Darstellungsschwerpunkt dieser Arbeit besonders funktional zu sein.

Das Gruppenpuzzle wurde ursprünglich von einer Gruppe israelischer und amerikanischer Sozialpsychologen sowie Personen aus der Lehrerausbildung entwickelt. Eine der ersten Veröffentlichungen dazu kam von Aronson[16]. Diese Unterrichtsmethode eignet sich besonders gut, wenn man ein größeres Themengebiet bearbeiten will. Dazu unterteilt man die Thematik in mehrere Teile/Puzzlestücke, die möglichst den gleichen Umfang und Anspruch haben. Daraufhin werden in den so genannten Stammgruppen die Puzzlestücke unter den Schülern aufgeteilt. Aufgabe der Schüler ist es ihr Teilgebiet bis zur Perfektion zu bearbeiten. Dies geschieht unter Mithilfe der Expertengruppen, bevor es dann wieder in die Stammgruppen zurückgeht, wo die verschiedenen Puzzlestücke zu einem Ganzen zusammengefügt werden.

Insgesamt besteht ein Gruppenpuzzle aus fünf Elementen, wobei der Lehrer zuerst das Unterrichtsmaterial ausarbeitet, bevor die Schüler dann in vier aufeinander folgenden Schrit-

---

[15] Vgl. weiter unten Schritt 2 und 3.
[16] Aronson, E. (1978): The jigsaw classroom. Beverly Hills.

ten damit arbeiten. Dieser Arbeitsprozess ist im Einzelnen wie folgt durchzuführen:

1. Wenn man eine Unterrichtsthematik z.B. in drei Gebiete unterteilt hat, konzipiert man entweder zu jedem der Gebiete eigenes Unterrichtsmaterial oder benutzt herkömmliche Materialien aus Unterrichtsbüchern etc. Dabei ist besonders wichtig, dass sie für die Schüler verständlich und überschaubar sind.

Zu Beginn des Unterrichts wird die Klasse in Gruppen aufgeteilt, die entsprechend der drei Teilgebiete aus drei Schülern bestehen sollten. Innerhalb dieser Stammgruppen werden die Themengebiete untereinander aufgeteilt. Diese Aufteilung kann durch Zuteilung des Lehrers oder aber auch durch Wahl der Schüler erfolgen.

2. Die Schüler bearbeiten nun ihre Unterrichtsmaterialien individuell in den Stammgruppen, was in diesem Fall 1/3 des gesamten Themengebiets ausmacht. Dabei sollten auf den verschiedenen Unterrichtsmaterialien für die Schüler kleine Fragen/Tests zur Selbstkontrolle vorhanden sein, die ihnen zeigen, ob sie den bearbeiteten Unterrichtsstoff verstanden haben oder nicht. Ziel muss es beim Gruppenpuzzle sein, dass sich die Schüler in ihrem Teilgebiet perfekt auskennen und sicher fühlen. Um dies zu gewährleisten, folgt im nächsten Schritt die Expertengruppe.

3. In der Expertengruppe finden sich Schüler mit dem gleichen Teilgebiet zusammen, um das zuvor gelernte zu vertiefen und zu sichern. Falls bei den Schülern der Expertengruppe noch ungeklärte Fragen zur Thematik bestehen sollten, können sie hier mit den anderen Mitgliedern der Gruppe erörtert und geklärt werden. Auch am Ende dieser Arbeitsphase findet eine Lernkontrolle statt.

4. Nun findet bei den Schülern ein Rollenwechsel statt, indem sie in die Rolle einer Lehrperson treten und gemeinsam ihr Expertenwissen didaktisch für ihre Mitschüler aufbereiten. Dabei müssen sie sich überlegen mit welchen Hilfsmitteln sie ihr Wissen am effektivsten weitergeben können. Die Lernziele entsprechen denen, die zuvor an sie selbst gestellt worden sind. Den Erfolg ihrer Unterrichtstätigkeit können sie dann mit einer von zwei Varianten überprüfen. Entweder verwenden sie die zuvor an sie selbst gestellten Kontrollfragen, um das Wissen ihrer Mitschüler zu überprüfen oder sie konzipieren selbst Kontrollfragen bzw. einen Minitest und die dazugehörigen von ihnen erwarteten Antworten. Diese Überprüfung der Mitschüler findet im weiteren Verlauf des Sandwichprinzips gemäß der bereits in Kapitel 2.2.2 beschriebenen Sortieraufgabe nach Herold/Landherr statt, die mir in Kombination mit dem Strukturlegen als besonders geeignet erscheint.

5. Nun gehen die Schüler wieder in ihre alten Stammgruppen zurück, um die zuvor gemachten Planungen in die Praxis umzusetzen. Nach beliebiger Reihenfolge unterrichtet nun jedes Gruppenmitglied mithilfe seines Expertenwissens die anderen Gruppenmitglieder. In dieser Arbeitsphase findet nun parallel in allen Arbeitsgruppen thematisch der gleiche Unterricht statt, der im herkömmlichen Unterricht gemeinsam im Plenum durchgeführt werden würde.

Nachdem nun die Wissensvermittlung in den Stammgruppen stattgefunden hat, geben die Gruppen noch kurze Zwei-Minuten-Statements zu ihrem gemeinsam erarbeiteten Gruppenergebnis. Auf dieser Grundlage erstellt der Lehrer ein Infoblatt, das an alle Schüler ausgeteilt wird und ergänzend zu den von den Schülern angefertigten Heftnotizen zur Sicherung der Arbeitsergebnisse beiträgt.[17] Dieses kann z.B. wichtige Überschriften, Visualisierungen, Literaturverweise etc. enthalten. Die gesamte Einheit wird dann mit einer Evaluationsrunde abgeschlossen, bei der man entweder eine Kartenabfrage oder einen Fragebogen verwenden kann. Dabei muss den Schülern klar sein, dass Methoden verändert und der Klasse angepasst werden können, das zuvor vereinbarte Ziele aber nicht revidiert werden können.[18]

---

[17] Vgl. Herold/Landherr 2001, S. 79.
[18] Vgl. ebenda, S. 76.

2.3 Einsatzmöglichkeiten

Selbstorganisiertes Lernen ist nicht auf spezielle Unterricht-fächer beschränkt. Jedoch muss sich der Unterrichtsgegenstand innerhalb des jeweiligen Fachunterrichts dafür eignen. Dies ist dann der Fall, wenn die Stoffmenge relativ umfangreich ist und sie sich in verschiedene etwa gleichgroße Teilgebiete aufteilen lässt.

Nach mehrmaligem erfolgreichen Einsatz des Selbstorganisierten Lernens und unter der Voraussetzung, dass auch andere Kollegen an der eigenen Schule Erfahrungen mit diesem systemischen Ansatz gemacht haben, kann man sich an die nächst höhere Evolutionsstufe heranwagen. Bei einem fächerübergreifenden Projekt übernimmt man die Grundstruktur des Gruppenpuzzles und ersetzt lediglich die Teilthemen[19] A, B, C durch die Fächer A, B, C. Hierfür würde sich Beispielsweise das Thema „Energie" eignen. Im Physikunterricht könnten die Schüler z.B. die technischen Grundlagen der Energieerzeugung kennen lernen, während sie im Sozialkundeunterricht die Diskussion um die Ökosteuer und Umweltzertifikate behandeln und im Kunstunterricht „Energie" in Form von Skulpturen, Bildern etc. visualisieren.

---

[19] Siehe Kapitel 2.2.3.

Wem das nicht genug ist, der kann auch eine fraktale Organisation für eine gesamte Jahrgangsstufe planen. Ein solcher Planungsprozess, bei dem unterschiedliche Klassen, Fächer und Lehrer zu berücksichtigen sind, ist allerdings äußerst komplex, so dass er nur mit im Selbstorganisierten Lernen erfahrenen Kollegen und Schülern durchführbar ist.[20]

Selbstorganisiertes Lernen ist sicherlich nicht so zu verstehen, dass es das Alternativkonzept für den Unterricht schlechthin ist. Auch die ordnende Funktion des Lehrers im Unterricht darf nicht unterschätzt werden. Es ist aber auf jeden Fall ein Ansatz, der für die Vermittlung methodischer, fachlicher, sozialer und personaler Kompetenzen geeignet ist und nicht nur in der beruflichen Ausbildung, sondern auch in der schulischen Ausbildung zu mehr Selbständigkeit, Selbstvertrauen und Selbstorganisation beitragen sollte.

---

[20] Vgl. Herold/Landherr 2001, S. 83f.

3. Planung der Unterrichtseinheit

3.1 Unterrichtsvoraussetzungen

Die Lerngruppe 8/1 setzt sich aus 17 Schülerinnen und 14 Schülern zusammen. Alle Schüler sind deutscher Herkunftssprache, so dass diesbezüglich keine besonderen Schwierigkeiten beim Textverständnis bestehen. Ich unterrichte sie seit Januar 2004 unter Anleitung und seit Februar selbständig mit zwei Unterrichtsstunden in der Woche. Diese sind auf Dienstag (1. Stunde) und Donnerstag (2. Stunde) verteilt. Dienstags fällt besonders auf, dass es den Schülern aufgrund der ersten Stunde schwer fällt, die nötige Konzentration zu finden. Die Lernatmosphäre ist entspannt, obwohl sich die Lernenden gern untereinander unterhalten.

Die Leistungsspitze der Klasse bilden Katharina, Carla und Benjamin, die sich sowohl mündlich als auch schriftlich aktiv beteiligen. Die Jungen fallen überwiegend im Mündlichen und die Mädchen im Schriftlichen auf. Sehr schwache Leistungen weisen Beatrix, Maria und Pablo auf. Sie sind auch leicht ablenkbar und haben Schwierigkeiten beim selbständigen Bearbeiten von Aufgaben.

Die Schüler sind gegenüber neuen Inhalten, Methoden und Sozialformen aufgeschlossen und bereit, die entsprechenden Aufgabenstellungen zu bearbeiten. Der allgemein zu beobachtenden Zurückhaltung bei der aktiven Mitarbeit im

Unterricht soll durch einen verstärkten Einsatz von schüleraktivierenden Methoden, wie etwa dem Selbstorganisierten Lernen, entgegengetreten werden. Die Schüler verstehen sich untereinander gut und auch das Verhältnis zwischen Schülern und Lehrer kann als gut bezeichnet werden, was letztendlich zu einer angenehmen und entspannten Lernatmosphäre beiträgt.

Im Rahmen von Unterrichtsteileinheiten zu den englischen Revolutionen des 17. Jahrhunderts und der Unabhängigkeitserklärung der englischen Kolonisten in Nordamerika von 1776 wurden Voraussetzungen für die Unterrichtseinheit zur Französischen Revolution geschaffen. Die Schüler haben sich sowohl mit der Parlamentarischen Monarchie, der Republik und dem Naturrecht in England als auch den Menschen- und Bürgerrechten sowie der Gewaltenteilung in der amerikanischen Verfassung beschäftigt. Außerdem wurden in der Lerngruppe eingehend die Merkmale einer Revolution behandelt. Damit sind bei den Schülern die notwendigen Grundlagen geschaffen, um sowohl die Ursachen der Revolution in Frankreich als auch deren unterschiedliche Phasen verstehen zu können.

Als ich zu Beginn des zweiten Schulhalbjahres die Klasse 8/1 übernahm, stellte ich auf dem Gebiet der Textbearbeitung relativ früh Defizite fest. Dies äußerte sich darin, dass den Schülern das Unterstreichen der wesentlichen Textinformationen nicht geläufig war. Zudem wurden keinerlei Randnotizen, die zum Textverständnis beitragen, angefügt. Folge war, dass die Bearbeitung von Aufgaben zum Text übermäßig viel Zeit beanspruchte und die qualitativen Ergebnisse zu Wünschen übrig ließen. Da zu diesem Zeitpunkt bereits fest stand, dass ich das vorliegende Unterrichts- bzw. Untersuchungsvorhaben in dieser Lerngruppe durchführen werde, war hier der erste Ansatzpunkt unserer gemeinsamen Unterrichtsarbeit gefunden. Durch mehrmaliges Üben von Text- bzw. Quellenarbeit konnten zwischenzeitlich Erfolge auf diesem Gebiet erzielt werden.

Die Klasse ist nun in der Lage auch schwere Texte in angemessener Zeit adäquat zu bearbeiten. Wesentliche Informationen können nunmehr aus den Texten herausgefiltert werden, was bei den Schülern nicht nur zu einer besseren Übersicht über den entsprechenden Text, sondern auch zu einer besseren Vernetzung mit dem jeweiligen Stundenthema/Reihenthema beiträgt. Diese Text- bzw. Quellenkompetenz der Schüler ist eine wesentliche Voraussetzung, um sich in einem selbstorganisierten Lernprozess selbständig Kenntnisse anzueignen und an andere Mitschüler weiterzugeben.

Ein zweites großes Defizit der Lerngruppe war die Arbeit in Gruppen. Hier traten die von Lehrern häufig zu beobachtenden Schwierigkeiten auf. So fanden u.a. „Gruppenarbeitsphasen" in einer vierköpfigen Schülerarbeitsgruppe statt, in der nur ein oder zwei Schüler aktiv an der Bearbeitung der gestellten Aufgaben teilnahmen, während sich die übrigen Gruppenmitglieder in Gedanken teilweise oder sogar ganz aus der Gruppenarbeitsphase verabschiedeten. Des Weiteren wurde öfters den Redebeiträgen der Gruppenmitglieder keine Aufmerksamkeit geschenkt oder die Gruppe war nicht in der Lage die durchaus wertvollen Beiträge in ihr Arbeitsergebnis aufzunehmen. Somit wurden die Möglichkeiten des Erkenntniszugewinns mithilfe von Gruppenarbeit durch die Lerngruppe nicht effektiv und nachhaltig genutzt. Hier galt es zu handeln.

Durch stetes erläutern und üben der Gruppenarbeitsprinzipien und unter Zuhilfenahme von Checklisten zur Gruppenarbeit, konnten auch hier kleine Fortschritte bei der themengleichen- sowie themendifferenzierten Gruppenarbeit erreicht werden. Im Vorfeld dieser Arbeit konnte sogar die schüleraktivierende Methode des Gruppenpuzzles eingeführt und zwei Mal, mit einer Dauer von insgesamt vier Unterrichtsstunden, durchgeführt werden. Der Einsatz dieser Methode erfolgte zum damaligen Zeitpunkt jedoch außerhalb eines SOL-Arrangements.

Vor der Durchführung der Unterrichteinheit zur Französischen Revolution wurden zudem die Sortieraufgabe und das Strukturlegen eingeführt. Es handelt sich hierbei um zwei

Methoden[21], die sich jedoch hervorragend miteinander Verknüpfen lassen und in mehreren Unterrichtsphasen einsetzbar sind. Die Sortieraufgabe kam z.B. in der Klasse 8/1 zu Stundenbeginn als Wiederholungsübung zum Einsatz und erfreute sich regen Interesses. In Kombination mit dem Strukturlegen arbeitete die Lerngruppe auch schon während diverser Sicherungsphasen mit diesen beiden Methoden.

Allgemein bleibt zu erwähnen, dass sich die räumlichen Gegebenheiten an der Schule hervorragend sowohl für Einzel- als auch Gruppenarbeitsphasen eignen und diesbezüglich die Planungsprozesse der Lehrkräfte erheblich vereinfachen.

3.2 Lernziele der Unterrichtseinheit

Laut Rahmenplan[22] für die Berliner Schule sind für eine Lerngruppe der Klasse 8 im Fach Geschichte u.a. folgende Lernziele vorgegeben:

-       „Kenntnis der Wirkungen der Aufklärungsphilosophie vor dem Hintergrund der sozialen Gegensätze im vorrevolutionären Frankreich"

---

[21] Vgl. Herold/Landherr 2001, S. 73.
[22] Senatsverwaltung für Schule, Jugend und Sport (Hrsg.) (2000): Vorläufiger Rahmenplan für Unterricht und Erziehung in der Berliner Schule. Klassen 7 bis 10. Fach Geschichte. Berlin.

- „Überblick über wesentliche Phasen des revolutionären Ablaufs"

- „Einsicht in die Diskrepanz zwischen kodifizierten
  Menschen- und Bürgerrechten und den weiter bestehenden Benachteiligungen gesellschaftlicher Gruppen". [23]

Der Rahmenplan sieht vor, dass die Unterrichtseinheit erst
mit dem „Überblick über Veränderungen in Deutschland und
Europa als Folge der napoleonischen Kriege"[24] beendet
wird. Als ich die Lerngruppe zu Beginn des zweiten Schul-
halbjahrs übernahm, war das von ihr zuletzt in Geschichte
behandelte Thema der Absolutismus in Frankreich. Damals
lag die Klasse bereits weit hinter dem Rahmenplan zurück.
Wie allgemein üblich finden auch an dieser Schule zum Ende des Schuljahrs hin u.a. Abitur, Wandertag, Projektwoche
und Sportfest statt, so dass ich die Unterrichtseinheit zur
Französischen Revolution verkürzen muss und mit dem Aufstieg Napoleons beenden werde. Im neuen Schuljahr werden
dann die o.g. Veränderungen in Deutschland und Europa im
Rahmen einer Unterrichtseinheit zur Entstehung eines deut-
schen Nationalgefühls integriert.

Gemäß dem Darstellungsschwerpunkt der vorliegenden Arbeit, der sich auf den Erwerb von Kenntnissen zur Französi-

---

[23] Vgl. ebenda.
[24] Vgl. ebenda.

schen Revolution beschränkt, soll auf die methodischen, personalen und sozialen Lernziele dieser Unterrichtseinheit nicht näher eingegangen werden.

Bezüglich des Fachwissens sollen die Schüler die nachfolgenden Kenntnisse zur Französischen Revolution[25] erwerben:

Die Schüler kennen...

- die ständische Gliederung der französischen Gesellschaft vor 1789,

- die schlechte wirtschaftliche Lage in großen Teilen der Bevölkerung,

- **die verschiedenen Bereiche der Revolution (Abgeordnete des Dritten Standes, Bevölkerung von Paris, Landbevölkerung/Bauern),**

- **die Diskrepanz zwischen der zahlenmäßigen Zusammensetzung der Generalstände und der faktischen Größe des Dritten Standes,**

- **die Gründe und den Verlauf der Revolution der Abgeordneten des Dritten Standes,**

---

[25] Die Kenntnisse, die im Rahmen eines altersgemäßen SOL-Arrangements für die 8. Jahrgangsstufe vermittelt werden sollen, werden durch **Fettdruck** hervorgehoben!

- die wichtigsten Ereignisse des Jahres 1789 in Paris,

- die Entstehung einer revolutionären Gesinnung der städtischen Massen,

- die Haltung der Pariser Bevölkerung gegenüber König und Nationalversammlung,

- die Situation der französischen Bauern vor 1789,

- die Last der bäuerlichen Abgaben,

- die revolutionären Handlungen der Bauern und ihre Folgen,

- die Forderungen der französischen Frauen,

- die Erfolge der Revolution (Verfassung, Menschenrechte),

- die Radikalisierung der Revolution zur Schreckensherrschaft unter Robespierre,

- die Phasen und den Verlauf der Revolution,

- den Aufstieg Napoleons und das Ende der Revolution.

3.3 Sachanalyse der Französischen Revolution

Die verschiedenen Forschungsansätze zur Französischen Revolution[26] bieten eine Vielzahl von Interpretationsmustern an. Hier sollen nur die für den Unterricht interessanten Ansätze dargestellt werden. Die konservative Geschichtsschreibung bezieht sich vor allem auf Burke[27], dessen positives Bild der Verhältnisse vor 1789 auf Grundlage von Informationen französischer Emigranten zu Stande kam und der die Revolution entschieden ablehnt.[28]

Die Proklamation des Dritten Standes zur Nationalversammlung am 17. Juni 1789 ist für den bürgerlich-liberalen Ansatz der Ausgangspunkt der Revolution, denn es wäre dadurch die ständische Gliederung durchbrochen und die Einheit der Nation begründet worden. Während die Menschen- und Bürgerrechtserklärung vom 26. August 1789 sowie die Verfassung vom 3. September 1791 für ihn die Sternstunden der Revolution darstellen, lehnt er die Jakobinerdiktatur strikt ab.[29]

---

[26] Vgl. Greber, Ludwig (1989): Stundenblätter. Die Französische Revolution: Sekundarstufe I. Stuttgart. S. 8-13; Rohlfes, Joachim (1999): „Die Französische Revolution." In: GWU 50, 3/99. S. 171-180.

[27] Burke, E. (1991): Über die Französische Revolution: Betrachtungen und Abhandlungen. Berlin.

[28] Vgl. Schmitt, E. (1976): Einführung in die Geschichte der Französischen Revolution. München. S. 15ff.

[29] Vgl. ebenda, S. 19ff.

Der Historiker Mathiez[30], der dem sozialistischen Ansatz zuzurechnen ist, sieht die Jakobinerdiktatur sogar als erste Diktatur des Proletariats an. Bei diesem Interpretationsmuster wird die Revolution als Klassenkampf zwischen der Bourgeoisie und dem Feudaladel aufgefasst. Durch den Sieg der Bourgeoisie sei der Kapitalismus in der Lage gewesen sich frei zu entfalten. Ein besonderes Forschungsinteresse wird dabei den Unterschichten gewidmet, die zugleich eine bedeutende Rolle bei der Revolution gespielt hätten.[31]

Der marxistisch-leninistische Ansatz sieht ebenfalls in dem Klasseninteresse der Bourgeoisie den Hauptfaktor für den Ausbruch der Französischen Revolution, die mit dem Sturm auf die Bastille begonnen und mit der Diktatur der Jakobiner ihren Zenit erreicht hätte. Eine Emanzipation auf menschlicher Ebene sei laut Marx allerdings nur durch eine Beseitigung des Privateigentums infolge einer proletarischen Revolution möglich.[32]

Die Annales-Schule bildet die Basis des strukturanalytischen Forschungs- und Interpretationsansatzes von Richet und Furet und versucht u.a. die Motivationen von Handlungsträgern sowie deren Ziele und Programme anhand von Quellen

---

[30] Mathiez, A. (1940): Die Französische Revolution. 2 Bände. Zürich.
[31] Vgl. Schmitt 1976, S. 22ff.
[32] Vgl. ebenda, S. 26ff.

mithilfe sozial-, rechts- und wirtschaftswissenschaftlicher Fragestellungen aufzuhellen.[33]

Auf Grundlage dieser voneinander verschiedenen Interpretationsansätze soll die Unterrichtseinheit zur Französischen Revolution den Schülern die Möglichkeit bieten, dass sie diese komplexe Thematik aus unterschiedlichen Blickwinkeln heraus kennen und verstehen lernen.

In Frankreich vollzieht sich seit etwa 1750 ein rascher sozialer und wirtschaftlicher Wandel. Dies ist auch durch den Anstieg der Bevölkerungszahl zwischen 1700 und 1789 von 21,5 Mio. auf über 25 Mio. Einwohner zu beobachten.[34] Gleichzeitig gelingt es auch der französischen Landwirtschaft ihre Erträge zu steigern, was aber den Preisanstieg für Agrarprodukte nicht verhindern kann. Bei der wirtschaftlichen Entwicklung in Frankreich ist allerdings seit 1770 eine Stagnation zu verzeichnen, die am Ende der siebziger Jahre sogar zu einer allgemeinen Rezession führt. Durch die ständige Verteuerung der Lebensmittel und zunehmende Arbeitslosigkeit in der Bevölkerung verschärft sich die Situation des Ancien régime, das bereits seit Jahren vergeblich die Misere der Staatsfinanzen zu beheben versucht, und dem

---

[33] Vgl. ebenda, S. 36ff.
[34] Vgl. Mickel, Wolfgang W. (Hrsg.) (1999): Geschichte, Politik und Gesellschaft. Bd. 1: Von der Französischen Revolution bis zum Ende des 2. Weltkrieges. Berlin. S. 6.

nun nicht nur der wirtschaftliche Ruin, sondern auch soziale Unruhen drohen.

In dieser Situation wird die hierarchische Ständegesellschaft Frankreichs in einen sozialen und politischen Auflösungsprozess hineingerissen. In ihm betreiben Adel, Klerus und Dritter Stand auf unterschiedliche Weise die Realisierung ihrer voneinander sich unterscheidenden Interessen.

Die Krise des Ancien régime lässt sich anhand mehrerer Faktoren festmachen. Im Verlauf des Siebenjährigen Krieges von 1756 bis 1763 verliert Frankreich seine Kolonie Kanada und den größten Teil seiner Kolonien in Afrika, Westindien und Indien an den Rivalen England. Mit dem Verlust seines 1. Kolonialreiches büßt das französische Königshaus auch einen erheblichen Anteil seines Ansehens nicht nur außenpolitisch, sondern auch innenpolitisch ein.

Die große Masse der Bauern, die dem Dritten Stand angehört, besitzt lediglich ein Drittel des Bodens. Die restlichen zwei Drittel der Ländereien gehören zu 10% den Geistlichen, zu 20% dem Adel und zu 30% dem reichen städtischen Bürgertum und lediglich ein kleiner Rest ist Gemeineigentum. Besonders brisant wird die Lage der Landbevölkerung 1788, als es nach mehreren Missernten zu einer explosionsartigen Teuerung von Grundnahrungsmitteln wie Brot und Fleisch kommt.

König und Staat leben zudem im 18. Jahrhundert weit über ihren Verhältnissen. Als Beispiel sei hier das Regierungsbudget von 1788 angeführt. In diesem Jahr belaufen sich die Einnahmen des Staates auf 503 Mio. Livres, wohingegen die Ausgaben aber 629 Mio. Livres betragen und damit der Staatshaushalt stark defizitär ist. Allein 50% der jährlichen Staatseinnahmen müssen für die Zinsen, die durch die Staatsschulden entstehen, aufgebracht werden.

Für den Adel und Klerus besteht in Frankreich trotz der akuten Staatsmisere ein Steuerprivileg, sodass diese beiden Stände von den Steuern befreit sind. Bei dem steten Anwachsen des Haushaltsdefizits in den achtziger Jahren kann nur noch eine grundlegende Steuerreform helfen, die auch eine grundlegende Veränderung beim Steuerprivileg der beiden ersten Stände nach sich ziehen muss.[35]

In dieser Situation beruft Ludwig XVI. die Generalstände ein, die zum letzten Mal 1614 zusammengekommen sind. Er ist bereit für eine Steuerreform und will sie mithilfe des Dritten Standes gegen Adel und Klerus durchsetzen. Am 5. Mai 1789 treten die Generalstände in Versailles zusammen. Der Dritte Stand bekommt nicht nur ebenso viele Abgeordnete wie die beiden ersten Stände zusammen, sondern fordert auch die Abstimmung nach Köpfen und nicht wie bisher nach Ständen, da ihn die beiden ersten Stände ansonsten

---

[35] Vgl. Mickel 1999, S. 9.

überstimmen würden. Nach wochenlanger Uneinigkeit über das Abstimmungsverfahren erklären sich die Abgeordneten des Dritten Standes am 17. Juni 1789 zur Nationalversammlung, die ihrer Meinung nach die einzig legitime Vertretung der Nation darstellt. Ludwig XVI. lässt daraufhin den Saal der Volksvertreter schließen und bringt damit neben den beiden ersten auch den Dritten Stand gegen sich auf. Die Deputierten des Dritten Standes sind somit die Träger einer von den insgesamt drei Teilrevolutionen 1789, die als eine staatsrechtliche Revolution anzusehen ist.[36]

Auch durch die Androhung militärischer Gewalt kann der König den Dritten Stand nicht von seinen bereits in die Tat umgesetzten Forderungen abbringen. Schließlich muss König Ludwig XVI. nachgeben, um noch schlimmeres für das Königshaus abzuwenden, indem er die beiden ersten Stände dazu auffordert sich der Nationalversammlung anzuschließen. Mit der sich am 9. Juli 1789 neu konstituierenden Verfassungsgebenden Nationalversammlung wird die verfassungsmäßige Neugestaltung Frankreichs eingeleitet.[37]

Die Hungersnot der französischen Bevölkerung tritt im Juli 1789 bereits auch in Paris verbreitet auf. Der Kampf um das tägliche Brot führt schließlich zu einer Hungerrevolte, bei

---

[36] Vgl. Wagener, Elmar (1989): „Von der Krise des alten Staates zur bürgerlichen Neuordnung." In: Praxis Geschichte, 1/1989. S. 12.
[37] Vgl. ebenda, S. 12.

der sämtliche Getreidelieferungen in die Stadt durch Militär gesichert werden müssen.[38] Da sich der König nicht mehr auf die in Paris stationierten Truppen verlassen kann, die sich größtenteils mit der aufbegehrenden städtischen Bevölkerung solidarisieren, lässt er außerhalb von Paris Truppen zusammenziehen. Diese Nachricht verbreitet sich wie ein Lauffeuer unter den Einwohnern von Paris und trägt zur Eskalation der angespannten Situation bei.

Am 13. Juli 1789 kommt es im gesamten Stadtgebiet zu vereinzelten Plünderungen von Adels- und Kirchenbesitz, bevor sich dann am 14. Juli 1789 bewaffnete Volksmassen bei dem berüchtigten Gefängnis Bastille versammeln.[39] Nicht zuletzt durch die Einschüchterung des Kommandanten der Bastille durch die aufständischen Volksmassen gelingt deren Einnahme. In den Augen der städtischen Bevölkerung ist nun ein Symbol königlicher Macht in ihren Händen. Auch andere französische Städte nehmen sich daraufhin die Revolution der Einwohner von Paris zum Vorbild. Der König erkennt, dass er die durch die Nationalversammlung und Pariser Bevölkerung geschaffenen Zustände im Hinblick auf einen zu befürchtenden Bürgerkrieg nicht mehr rückgängig machen kann.

---

[38] Vgl. Askani, Bernhard (1989): „Paris 1789. Die Pariser Bevölkerung zwischen Revolte und Revolution." In: Praxis Geschichte, 1/1989. S. 22.
[39] Vgl. ebenda, S. 23.

Ludwig XVI. entschließt sich am 17. Juli nach Paris zu kommen, um seinen guten Willen in Bezug auf eine Versöhnung mit den Aufständischen zu demonstrieren. Bei seinem Einzug in Paris verzichtet er ganz bewusst auf eine Zurschaustellung seines absolutistischen Herrschaftsanspruchs. Der König sieht sogar von einer Bestrafung der Revolutionäre ab und trägt öffentlich eine ihm überreichte blau-weiß-rote Kokarde der Aufständischen.

Infolge der Agrarkrise kommt es in den ländlichen Gebieten Frankreichs seit 1788 vermehrt zu Unruhen, Hungerrevolten und Abgabeverweigerungen. Durch die Weigerung der privilegierten Stände eine Steuerreform zu ihren Lasten zu akzeptieren wird gleichzeitig eine Gegenbewegung auf dem Land gefördert, der es gelingt die Feudalherrschaft zu beseitigen. Bei der Landbevölkerung trägt die so genannte „Große Furcht" zu einer raschen Aktivierung und Bewaffnung der Bauern bei.[40] Aus Angst vor Attacken des Adels starten sie Präventivangriffe auf Landsitze und Schlösser des Adels, die vielerorts in Flammen aufgehen. Direkte Angriffe auf Personen bilden dabei eher die Ausnahme, da die Aufständischen in erster Linie an den alten feudalen Besitzurkunden und Urkunden über zu leistende Frondienste interessiert sind, die daraufhin von ihnen verbrannt werden.

---

[40] Vgl. Berlin, Jörg (1989): „Bauern in der Französischen Revolution." In: Praxis Geschichte, 1/1989. S. 16.

Die damalige Lage auf dem Land ist von Furcht, Hungernot und ständigen Übergriffen sowohl vom Adel als auch von den Bauern geprägt. Letztere erhoffen sich von der neu gegründeten Nationalversammlung schnelle Hilfe, die jedoch aus bleibt. Keine in der Nationalversammlung vertretene soziale Gruppe hat ein unmittelbares Interesse daran den Angriff der Bauern auf die Eigentumsordnung zu unterstützen. Grund dafür ist, dass ein Großteil des zu Wohlstand gekommenen Bürgertums selbst ehemalige Adelsgüter auf dem Land besitzt. Zudem werden einige militärische Maßnahmen gegen die bäuerlichen Aufständischen sogar von bürgerlichen Vertretern angeführt.

Diese führen jedoch nicht zu dem erhofften Resultat, so dass sich die Nationalversammlung am 4. August 1789 dazu durchringt die Rechte des Adels, wie z.B. das Jagdrecht, die Gerichtsabgaben und vor allem die Leibeigenschaft aufzuheben, um die Bauern zu besänftigen. Bei den so genannten Augustbeschlüssen handelt es sich nicht nur um ein politisches Manöver, sondern um eine Revolution des feudalen Eigentumsrechts hin zu einem bürgerlich-liberalen Eigentumsbegriff. Durch die Beseitigung der Feudalrechte sind die wesentlichen Forderungen der Bauern erfüllt, die sich demzufolge nicht mehr an den weiteren revolutionären Ereignissen beteiligen.

Die Französische Revolution lässt sich in drei Phasen gliedern. Die erste Phase von 1789 bis 1792 wird bestimmt durch die Konstituierende Nationalversammlung, die Abschaffung aller Feudalrechte und die Erklärung der Menschen- und Bürgerrechte. „Liberté, Egalité, Fraternité" wird zum Leitspruch der Revolution. Durch die neue liberal-bürgerliche Rechts- und Verfassungsordnung wird die Grundlage für eine konstitutionelle Monarchie geschaffen, die eine Verständigung zwischen Gemäßigten, Radikalen und dem König darstellen soll.[41] Ludwig XVI. leistet am 14. September den Eid auf die neue Verfassung, die er aber nicht wirklich bereit ist zu akzeptieren.

In der zweiten Phase von 1792 bis 1794 findet eine Entwicklung hin zur Schreckensherrschaft der Jakobiner statt. Man spricht hier auch von einer Phase der radikalen Demokratie, die schließlich in Diktatur und Terror endet. Nachdem Ludwig XVI. am 20. April 1792 Österreich den Krieg erklärt, kann er sich nur noch bis August 1792 auf dem Thron halten, da ihm Zusammenarbeit mit dem Feind vorgeworfen wird und die Abgeordneten unter dem Druck der Aufständischen den König von seinem Amt suspendieren. Die Septembermorde von 1792, denen ca. 1500 Menschen zum Opfer fallen, bieten einen ersten Vorgeschmack auf das weitere Geschehen. Kurze Zeit später beginnt der Terror des Wohl-

---

[41] Vgl. Rohlfes 1999, S. 176.

fahrtsausschusses gegen Revolutionsgegner oder diejenigen missliebigen Personen, die als solche bezichtigt werden. Die Schreckensherrschaft der Jakobiner endete erst mit dem Sturz Robespierres am 27. Juli 1794.[42]

In der dritten und letzten Phase der Revolution von 1795 bis 1799 findet der Übergang zu einer autoritären Regierungsform statt. 1795 wird durch den Konvent eine neue Verfassung mit Zensuswahlrecht, Zweikammernsystem und einem fünfköpfigen Direktorium an der Spitze des Staates veröffentlicht. Diese Phase trägt stark restaurative Züge.[43] Das Direktorium ist bei der Abwehr linker und rechter Unruhen durch Jakobiner und Royalisten auf die Unterstützung des Militärs angewiesen. Durch eine expansive Außenpolitik Frankreichs sollen innenpolitische Rückschläge ausgeglichen werden. In dieser Phase vollzieht sich der Aufstieg von Napoleon Bonaparte, der am 9. November 1799 das Direktorium durch einen Militärputsch stürzt und sich als Erster Konsul zusammen mit zwei anderen Konsuln an seiner Seite die vollziehende Gewalt übertragen lässt. Daraufhin erklärt er die Revolution für beendet.

In der neuen Konsulatsverfassung ist zwar das Prinzip der Gewaltenteilung festgeschrieben, wohingegen in der Praxis jedoch alle Macht beim Staatsrat liegt, dessen Vorsitzender

---

[42] Vgl. Mickel 1999, S. 38.
[43] Vgl. Rohlfes 1999, S. 176.

wiederum Napoleon ist. Während des Konsulats ist Napoleon bestrebt einen Ausgleich zwischen den politischen und sozialen Führungsschichten zu schaffen, um die von der Revolution aufgerissenen inneren Gegensätze endgültig zu beseitigen.[44]

Neben einer Reform der Staats- und Finanzverwaltung und dem Ausgleich mit der katholischen Kirche im Konkordat mit dem Vatikan von 1801, ist das bürgerliche Gesetzbuch Napoleons, der Code Napoléon, dass den Forderungen der politisch und wirtschaftlich bedeutenden Bourgeoisie entspricht, ein bedeutsames Mittel seiner Herrschaftssicherung. 1804 errichtet er das französische Kaisertum, dass er auf die napoleonische Aristokratie stützt, die nicht auf Geburt, Stand oder Privileg, sondern auf Verdienst und Funktion ausgerichtet ist.[45]

3.3.1 Didaktische Reduktion

Im Rahmen einer Unterrichtseinheit zur Französischen Revolution muss man in der kürze der zur Verfügung stehenden Zeit die äußerst umfangreiche und komplexe Thematik in dem Maße reduzieren, dass die Schüler einerseits einen allgemeinen Überblick über Ursachen, Verlauf und Folgen

---

[44] Vgl. Mickel 1999, S. 44.
[45] Vgl. ebenda, S. 45.

der Revolution gewinnen, andererseits aber mithilfe von exemplarisch ausgewählten Teilausschnitten in die Tiefe des Unterrichtsgegenstandes vordringen.

Für das Verständnis der Revolution ist es erforderlich, dass man sich zu Beginn mit der ständischen Gliederung der französischen Gesellschaft vor 1789 und der Problematik von Armut und Landverteilung auseinandersetzt.

Damit sind die notwendigen Voraussetzungen geschaffen, um die drei Revolutionen von 1789 zu untersuchen. Hier werden im Einzelnen die Ausrufung der Abgeordneten des Dritten Standes zur Nationalversammlung, der Sturm der Pariser Stadtbevölkerung auf die Bastille und die Revolution der Bauern zum Unterrichtsgegenstand erhoben.

Der Themenaspekt der Menschen-, Bürger- und Frauenrechte ist in dieser Unterrichtseinheit geradezu verpflichtend, da die Forderungen danach auch in der Gegenwart nichts an ihrer damaligen Brisanz verloren haben. Des Weiteren sollen noch die Verfassung von 1791, die Schreckensherrschaft der Jakobiner sowie der Aufstieg Napoleons behandelt werden, um einen ausreichenden Überblick über die Revolution zu gewährleisten.

Gerade in Bezug auf die zweite und dritte Phase der Französischen Revolution können nicht alle fachwissenschaftlichen Aspekte Berücksichtigung finden. Dennoch kann auch in diese beiden Phasen anhand der Jakobinerdiktatur und Napoleon Bonapartes ein kurzer Einblick ermöglicht werden.

3.4 Didaktisch-methodische Entscheidungen zum SOL-Arrangement

Ich habe mich dazu entschlossen, dass ich während der Unterrichtseinheit zur Französischen Revolution im Rahmen der Unterrichtsthematik „Das Jahr 1789 – ein Jahr, drei Revolutionen" ein SOL-Arrangement erprobe.[46] Dabei richte ich mich nach den Kriterien für die Einsatzmöglichkeiten von Selbstorganisiertem Lernen, wie sie in Kapitel 2.3 angeführt werden. Da die Revolutionen des Dritten Standes, der Stadtbevölkerung und der Bauern von der Stoffmenge sehr umfangreich sind und auch nahezu gleichgroße Teilgebiete abdecken, eignen sie sich m.E. besonders gut für ein SOL-Arrangement.

Bei einem Unterrichtsvorhaben nach dem systemischen Ansatz des Selbstorganisierten Lernens bietet es sich an, dass man den Unterricht möglichst in Doppelstunden organisiert, da die verschiedenen Phasen meistens nicht oder nur sehr schwierig mit dem normalen fünfundvierzigminütigem Stundenkorsett in Einklang zu bringen sind. Wenn man wie

---

[46] Siehe Kapitel 7. Dokumentation: Zeitplan zum SOL-Arrangement „Das Jahr 1789 – ein Jahr, drei Revolutionen".

in diesem Fall stundenplantechnisch keine Doppelstunden zur Verfügung hat, sollte man sich bietende Möglichkeiten des Stundentausches mit Kollegen in Anspruch nehmen. In den meisten Fällen lässt sich dadurch etwas arrangieren.[47]

In Bezug auf die Planung und Durchführung des Selbstorganisierten Lernens halte ich mich an das in Kapitel 2.2 beschriebene Sandwichprinzip nach Herold/Landherr. Unter dem Gesichtspunkt Kenntnisse zu erwerben, werden bestimmte Elemente des so genannten Sandwichhauses genauer analysiert. Es handelt sich dabei um den Advance Organizer, das Gruppenpuzzle, die Sortieraufgabe sowie das Strukturlegen, die ich sowohl aufgrund ihrer Bedeutung für den systemischen Ansatz des Selbstorganisierten Lernens als auch ihrer tragenden Rolle beim Kenntniserwerb ausgewählt habe.

Bei der Konzipierung des Advance Organizer entwerfe ich eine Lernlandkarte, um das in den beiden ersten Unterrichtsstunden der Unterrichtseinheit erworbene mit dem neu zu erwerbenden Fachwissen gedanklich zu verknüpfen.[48] Als Grundlage dient mir ein strukturanalytisches Modell der Französischen Revolution, das mit einer Karikatur, Kreisdiagrammen und bekannten Begriffen aus den beiden ersten

---

[47] Siehe ebenda.
[48] Siehe Kapitel 7. Dokumentation: Advance Organizer „Das Jahr 1789 – ein Jahr,
drei Revolutionen".

Unterrichtstunden versehen ist und die verschiedenen relevanten Aspekte für die Schüler visualisieren soll. Die neu zu bearbeitende Unterrichtsthematik „Das Jahr 1789 – ein Jahr, drei Revolutionen" ist in das Modell integriert und die Überschriften (Revolution der Abgeordneten des Dritten Standes, Revolution der Stadtbevölkerung, Revolution der Bauern) sind durch Fettdruck hervorgehoben. Die drei Teilrevolutionen sind zusätzlich durch je ein Bild visuell verstärkt worden, um die Einordnung in die vorgegebene gedankliche Struktur zu erleichtern. Diese Struktur soll für den Schüler durch den Einsatz von Pfeilen noch überschaubarer und damit verständlicher werden.

Im Unterricht setze ich den Advance Organizer in Form von einer OH-Folie ein, die mehrere Vorteile in sich vereint. Da der Organizer u.a. aus mehreren farblichen Abbildungen besteht, ist der finanzielle und organisatorische Aufwand überschaubar. Bei der Projektion einer OH-Folie kann man zudem ein hohes Maß an Vergrößerung erzielen, die notwendig ist, um im Plenum allen Schülern eine gute und uneingeschränkte Sicht auf den Advance Organizer zu gewähren. Des Weiteren ist die OH-Folie ohne großen Aufwand flexibel einsetzbar und kann bei Bedarf zu jeder wieder aufgelegt werden. Gerade zu Beginn einer Unterrichtsstunde/Unterrichtseinheit ist es wichtig, dass man die Aufmerksamkeit der Schüler auf den Unterrichtsgegenstand fokussiert. Auch hierzu trägt der Organizer bei, der auf OH-Folie an die vordere Wand des Klassenraums projiziert wird.

Bei der alternativen Nutzung eines Plakats als Advance Organizer kann die Größe ein Problem werden, wenn nicht alle Schüler die Details darauf erkennen können. Eine diesbezüglich notwendige Auflösung der herkömmlichen Sitzordnung kann jedoch besonders bei größeren Klassen zu Problemen in Form von unproduktiver Unruhe in der Klasse führen. Ein Einsatz der Tafel bietet sich hingegen nur bei einem sehr einfach strukturierten Organizer an. Beide Alternativen sind schlussendlich nicht so flexibel und einfach anzuwenden, wie es bei einer OH-Folie der Fall ist.

Gemäß meinem Zeitplan für das SOL-Arrangement plane ich für den Einsatz des Advance Organizer 15 Minuten ein. In dieser Zeit sollen die Schüler auf der ihnen dargebotenen Lernlandkarte bereits bekanntes Wissen entdecken und durch Vermutungen ihrerseits Anknüpfungspunkte zu dem noch zu lernenden Fachwissen finden. Dadurch soll bei ihnen ein kognitives Tuning stattfinden, das ihnen hilft die für sie relevanten Informationen auszuwählen und miteinander zu vernetzen.[49]

Laut Kapitel 2.2.3 ist der Gruppenbildungsprozess für die Stammgruppen auf unterschiedliche Art und Weise möglich.

---

[49] Vgl. Herold/Landherr 2001, S. 64.

Ich habe mich dazu entschlossen die Stammgruppeneinteilung persönlich vorzunehmen, da ich es in Bezug auf eine Optimierung des Gruppenlernprozesses für notwendig halte, dass die Gruppenzusammensetzung möglichst homogen ist. Kriterien für die Homogenität der Gruppen sind sowohl ein ausgleichendes Leistungsspektrum als auch ausgleichende soziale Kompetenzen der Schüler bei Gruppenarbeitsprozessen. Durch diese Maßnahme soll bei dem mehrere Unterrichtsstunden andauerndem Gruppenpuzzle nicht nur ein angenehmes, sondern auch produktives Arbeitsklima geschaffen werden.

Die jeweiligen Stammgruppeneinteilungen werden handschriftlich auf den Informations- und Notierbögen festgehalten, damit sie eventuellen Unklarheiten und Nachfragen der Schüler vorbeugen. Den Mitgliedern der einzelnen Stammgruppen bleibt jedoch selbstüberlassen, für welches Selbstlernmaterial und damit auch für welche Expertengruppe sie sich entscheiden. Diesen kollektiven Entscheidungsprozess innerhalb der Stammgruppe halte ich für sehr wichtig, da er entscheidend zur Selbstorganisation der Gruppe beiträgt und in dieser Gruppengröße für die Schüler überschaubar bleibt.

Da in der Klasse 31 Schüler sind und sich die Unterrichtsthematik des SOL-Arrangements in drei Teilbereiche gliedert, ergeben sich daraus insgesamt neun Stammgruppen mit jeweils drei Mitgliedern und eine Stammgruppe mit vier

Mitgliedern. Dementsprechend gibt es zwei Expertengruppen mit zehn Mitgliedern und eine Expertengruppe mit elf Mitgliedern. Da man mit solch großen Expertengruppen nicht sinnvoll arbeiten kann, werden die drei themendifferenzierten Expertengruppen durch die Lehrkraft jeweils in zwei Gruppen unterteilt. Die Zugehörigkeit zu einer der Expertengruppen wird durch den bereits o.g. Vermerk auf den Arbeitsmaterialien nach folgendem Schema festgelegt: Expertengruppe 1, Expertengruppe 2.

Bei späteren SOL-Arrangements, wenn das Grundmuster bei den Schülern gefestigt ist, kann und sollte man diese organisatorische Hilfestellung in die Hand der Schüler legen. Zum derzeitigen Zeitpunkt ist es m.E. allerdings noch notwendig die Lerngruppe mit überschaubaren Schritten an das Selbstorganisierte Lernen heranzuführen.

Bei der Arbeit in den Expertengruppen habe ich mich im Gegensatz zu Kapitel 2.2.3 dazu entschlossen, dass die Schüler anstatt der gemeinsamen Aufbereitung ihres Expertenwissens für die anschließende Wissensvermittlung in den Stammgruppen sich individuell darauf vorbereiten sollen. Zum Einen soll dies einem erneuten Wechsel von einer kollektiven zu einer individuellen Arbeitsphase dienen und damit den systematischen Wechsel im Rahmen des Sandwichprinzips fördern, zum Anderen soll sich dadurch jeder Schüler nochmals besonders intensiv mit seinem Wissen über das Stoffgebiet auseinandersetzen.

Das Selbstlernmaterial (Informations- und Notierbogen) kann der Lehrer entweder aus dem regulären Schulbuch entnehmen oder speziell für das Gruppenpuzzle zusammenstellen. Ich habe mich für die letztere Variante entschieden, da sie in Bezug auf die Quellenauswahl eine größere Vielfalt bietet und in dem vorliegenden Fall auch eine größere fachliche Tiefe eröffnet. Als Beispiel sei hier auf das Selbstlernmaterial zur Revolution der Bauern im Dokumentationsteil verwiesen.[50]

Beim Selbstlernmaterial verwende ich vor allem Text- und Bildquellen aus diversen Materialsammlungen für die Sekundarstufe I, um die Bereitstellung von altersgemäßen Unterrichtsmaterialien für eine 8. Jahrgangsstufe weitestgehend sicherstellen zu können. Im vorliegenden Fall entlaste ich diese Materialien zudem durch Begriffserklärungen auf dem Informationsbogen. Die Arbeitsaufträge auf dem Notierbogen sind sehr ausführlich gehalten und entsprechen in ihrem Aufbau dem in Kapitel 2.2.3 vorgestellten Gruppenpuzzle. Außerdem sind die einzelnen Arbeitsschritte mit Zeitangaben für die Bearbeitung versehen. Durch die detaillierten Arbeitsaufträge mit Zeitangaben wird den Schülern zu jedem

---

[50] Siehe Kapitel 7. Dokumentation: Die Revolution der Bauern – Informationsbogen; Die Revolution der Bauern – Notierbogen.

Zeitpunkt des Gruppenpuzzles eine Orientierung gegeben an welcher Stelle sie sich befinden und wie viel Zeit sie noch für die einzelnen Arbeitsschritte zur Verfügung haben.

Für die anschließende Sortieraufgabe habe ich insgesamt 21 Begriffe ausgewählt, die in einem direkten Zusammenhang mit den drei Revolutionen von 1789 stehen. Diese Methode soll den Schülern dabei helfen ihre zuvor im Gruppenpuzzle erworbenen Kenntnisse zu verarbeiten und nachhaltig zu speichern. Auch bei der Sortieraufgabe soll ein Wechsel zwischen einer individuellen und einer kollektiven Arbeits-phase stattfinden.

Zuerst sollen die Schüler individuell die auf einzelne Kärt-chen geschriebenen Begriffe auf zwei verschiedenen Stapeln sortieren. Ausschlaggebendes Kriterium für den „weiß ich"-Stapel ist, dass sie zu dem jeweiligen Begriff mindestens einen zusammenhängenden Satz sagen können. Ansonsten müssen sie das Kärtchen auf den „weiß ich nicht"-Stapel legen. Durch diese Selbstkontrolle sollen die Schüler in die Lage versetzt werden ihren individuellen Lernprozess selbstverantwortlich und selbstorganisiert zu optimieren.

Nun folgt der Wechsel in die kollektive Arbeitsphase, die aus einer Fragerunde innerhalb der Stammgruppe besteht. Ziel ist es, dass alle unklaren Begriffe des „weiß ich nicht"-Stapels in der Gruppe besprochen und geklärt werden. Die Zusammensetzung der Stammgruppe ist für diesen Zweck hervorragend geeignet, da sie aus drei Experten besteht, die mit großer Wahrscheinlichkeit alle Unklarheiten bezüglich der Begriffe aus den drei themendifferenzierten Teilbereichen klären können.

Nachdem alle Begriffe bei allen Schülern geklärt sind, sollen die Schüler die Begriffe in einer für sie sinnvollen Struktur anordnen, um die neu erworbenen Fachinhalte individuell zu ordnen und nachhaltig zu speichern.

Die Anordnung der 21 Begriffskärtchen soll auf einem leeren Blatt Papier durchgeführt werden, damit die Schüler ihr Arbeitsergebnis, nachdem sie mit ihrer individuellen Struktur zufrieden sind, mit Klebstoff auf dem Papier sichern können. Anschließend sollen sie ihre entworfene Struktur durch Verbindungslinien, Pfeile etc. ergänzen. Dadurch gewinnt sie erheblich an Aussagekraft und Klarheit.

Mit diesem Arbeitsprodukt sind sie selbst nach längeren Zeiträumen in der Lage ihre einst erworbenen Kenntnisse schnell wieder zu reaktivieren. Außerdem eignen sich solche selbst entworfenen Strukturen besonders gut bei der Vorbereitung auf Lernerfolgskontrollen.

Am Ende des SOL-Arrangements soll in der 8. Unterrichtsstunde eine kurze Lernerfolgskontrolle stattfinden, um zu überprüfen, ob wirklich alle Schüler der Lerngruppe umfangreiche Kenntnisse zu den drei Revolutionen von 1789 erworben haben.[51] Außerdem soll sie im Rahmen der Evaluation und Gesamtreflexion dieser Arbeit zusammen mit der abschließenden Lernerfolgskontrolle zur Unterrichtseinheit „Französische Revolution", die für die 13. Unterrichtsstunde geplant ist, herangezogen werden.[52]

---

[51] Siehe Kapitel 3.5 „Synopse der Unterrichtseinheit".
[52] Siehe ebenda.

3.5 Synopse der Unterrichtseinheit[53]

Stunde/ Stundenthema	Groblernziel	Medien/ Sozial-formen	Didaktischer Kommentar
1. Stunde: Die ständische Gliederung der französischen Gesellschaft vor 1789	Die Schüler kennen die ständische Gliederung Frankreichs vor 1789 und beurteilen die Zusammensetzung der französischen Gesell-schaft	OH-Folie, AB, TA, UG, EA, PA	- Einführung in die UE (Verhält-nisse vor 1789) - Schüler üben mit einer Karikatur zu arbeiten - Arbeit mit einer Textquelle zur Zusammensetzung der Bevölke-rung
2. Stunde: Armut und Landverteilung in Frankreich um 1789	Die Schüler kennen die wirtschaftliche Lage einzelner Gesell-schaftsschichten und nehmen Stellung zu den Voraussetzungen für eine Revolution in Frankreich im Jahre 1789	Schul-buch, TA, UG, EA	- Schüler üben das Arbeiten mit Statistiken - werten Verfasser- und Quellen-text aus
3. bis 8. Stun-de: Das Jahr 1789 – ein Jahr, drei Revolutio-nen	Die Schüler kennen sowohl die Revolution des Dritten Standes als auch die der Stadtbe-völkerung sowie die der Bauern und beurtei-len sie	Folie (Advan-ce Organi-zer), AB (Infor-mations-und Notier-bögen), SOL-Arran-gement	- Schüler erarbeiten sich themen-differenziert Kenntnisse über die drei Revolutionen von 1789 - es findet eine Wissensvermitt-lung zwischen den Schülern statt - Schüler verfügen alle über die gleichen Kenntnisse und beurtei-len die verschiedenen revolutionä-ren Aktionen von 1789 - kurze, nicht angekündigte Lernerfolgskontrolle zu den drei Revolutionen von 1789
9. Stunde: Die Forderungen nach Menschen- und Bürger-Innenrechten in der Französi-schen Revoluti-on	Die Schüler kennen Beschlüsse und Forde-rungen der Französi-schen Revolution bezüglich der Men-schen- und Bürger-Innenrechte und beurteilen die Bedeu-tung der Menschen-rechtserklärung vom 26. August 1789	Schul-buch, TA, UG, EA	- Schüler bearbeiten die Erklärung der Menschen- und Bürgerrechte - Schüler bearbeiten die Erklärung der Rechte der Frau und Bürgerin - ziehen Vergleiche und beurteilen sie vor dem Hintergrund der Menschenrechtserklärung vom 26.08.1789

---

[53] Der Darstellungsschwerpunkt dieser Arbeit ist optisch hervorgehoben.

10. Stunde: Die französische Verfassung vom 3. September 1791	Die Schüler kennen wesentliche Inhalte der französischen Verfassung vom 3. September 1791 und bewerten sie im Vergleich zur Verfassung der USA von 1789	AB, Folienschnipsel, UG, GA	- Schüler arbeiten mit Verfassungstexten - ziehen Vergleiche und einigen sich innerhalb ihrer Gruppen auf eine abschließende Bewertung beider Verfassungen - Gruppen diskutieren miteinander über ihre Gruppenergebnisse
11. Stunde: Die Schreckensherrschaft der Jakobiner unter Robespierre	Die Schüler kennen die Diskrepanz zwischen den Idealen der Revolution und der Realität während der Jakobinerherrschaft und beziehen einen Standpunkt bezüglich der gewaltsamen Durchsetzung revolutionärer Ziele	Schulbuch, TA, UG, EA, PA	- Schüler üben Kartenarbeit - Schüler arbeiten mit Textquellen - bereiten in PA eine Pro- und Contra-Diskussion vor
12. Stunde: Der Aufstieg Napoleons und das Ende der Revolution	Die Schüler kennen den Aufstieg Napoleons und beurteilen den Gesamtverlauf der Revolution	AB, TA, UG, EA	- Schüler erarbeiten sich Gründe und Verlauf von Napoleons Aufstieg - ziehen Resümee über den Verlauf und das vorläufige Ergebnis der Revolution
13. Stunde: LEK zur Unterrichtseinheit		AB, EA	- abschließende, nicht angekündigte Lernerfolgskontrolle zur UE „Französische Revolution"

4. Durchführung und Analyse der Unterrichtseinheit

4.1 Begründung der Stunden-/Phasenauswahl

Im Rahmen des insgesamt sechsstündigen SOL-Arrangements will ich drei Unterrichtsphasen, die sich über vier Unterrichtsstunden erstrecken, eingehender analysieren. Bei den einzelnen Phasen geht es methodisch um:

1. den Advance Organizer;

2. das Gruppenpuzzle;

3. die Sortieraufgabe und das Strukturlegen.

Sie bilden das Fundament des Sandwichhauses. Unter dem Gesichtspunkt „Erwerb von Kenntnissen" will ich an ihnen die Übereinstimmung von Planung und Durchführung sowie Schülerreaktionen untersuchen und auch Alternativvorschläge entwickeln.

4.2 Unterrichtsphase: Advance Organizer

4.2.1 Durchführung und Analyse

Für die Präsentation des Advance Organizer waren 15 Minuten eingeplant. Aufgrund seiner Komplexität bekamen die Schüler den Arbeitsauftrag ihn innerhalb der ersten fünf Minuten in einer Stillarbeitsphase genau zu betrachten, um bereits zuvor erarbeitetes Fachwissen zu entdecken und Vermutungen darüber anzustellen, wie die ihnen unbekannten Elemente des Organizer damit zusammenhängen.

In dieser ansonsten sehr lebhaften Klasse war es in den darauf folgenden Minuten erstaunlich still, was ich auf die motivierende und diesbezüglich auch fokussierende Wirkung des mit Kreisdiagrammen und Farbbildern aufwendig gestalteten Advance Organizer zurückführe. Daraufhin gingen einige Schüler unaufgefordert von der Einzelarbeit zur Partnerarbeit über, um bei ihnen aufgetretene Unklarheiten mit ihrem Tischnachbarn zu klären. Zu deren Klärung wurden über die vereinbarten fünf Minuten hinaus deshalb noch weitere drei bis vier Minuten benötigt. Danach gab es allerdings zahlreiche Wortmeldungen, die in Bezug auf den Organizer zuerst sehr beschreibend, später aber auch interpretierend ausfielen.

Die Leistungsspitze der Klasse konnte sehr schnell eine Vernetzung der bekannten mit den neuen Stoffgebieten herstellen, um sich dadurch eine Grundlage für besseres Verstehen und langfristiges Behalten zu schaffen. Etwa ein Drittel der Klasse hatte dabei größere Probleme, zu deren Lösung die eingeplanten 15 Minuten nicht ausreichten. Ein Grund dafür kann sein, dass die Lerngruppe bisher noch keine Erfahrungen mit dieser Vorgehensweise gesammelt hat, die sich im Gegensatz zur herkömmlichen fachwissenschaftlich systematischen Herangehensweise nicht an die äußerst anspruchvolle Wissensvermittlung ausgehend von fachlichen Grundlagen über gezielte Folgerungen hin zu höheren Erkenntnissen hält.[54]

Das hat zur Folge, dass man bei einer erneuten Präsentation dieses oder eines vergleichbaren anderen Organizer fünf bis zehn Minuten zusätzlich einplanen sollte. Das Verhalten der leistungsschwächeren Schüler, die von sich aus Hilfe in der Partnerarbeit suchten und auch gefunden haben, sollte man in seine zukünftigen Planungen ebenfalls mit einbeziehen.

Dementsprechend müsste man den Arbeitsauftrag derart gestalten, dass der Einsatz von Partnerarbeit in dieser Unterrichtsphase auch die notwendigen funktionalen Kriterien erfüllt. Denkbar wäre z.B., dass sich die Schüler in den Partnerteams untereinander den Advance Organizer erklären und sich schließlich auf ein gemeinsames Zwei-Minuten-Statement über ihn verständigen sollen.

Da nach etwas über zwanzig Minuten bei allen Schülern der Lerngruppe eine mehr oder weniger ausgeprägte Vernetzung in Bezug auf die durch den Advance Organizer aufgegriffenen Stoffgebiete stattgefunden hatte, wurde m.E. nach ein Ankerplatz in der gedanklichen Struktur der Schüler geschaffen, um die nachfolgend zu erwerbenden Kenntnisse zu dem Unterrichtsgegenstand „Das Jahr 1789 – ein Jahr, drei

---

[54] Vgl. Herold/Landherr 2001, S. 61.

Revolutionen" effektiv und langfristig aufnehmen zu können.

4.3 Unterrichtsphase: Gruppenpuzzle

4.3.1 Durchführung und Analyse

Beim Gruppenpuzzle unterscheidet man folgende Arbeitsphasen: Stammgruppe → Expertengruppe → Stammgruppe. Da diese Phasen aufeinander aufbauen, ist ein erfolgreicher Ablauf aller Phasen zum Gelingen des Gruppenpuzzles entscheidend.

Die Stammgruppenbildung verlief reibungslos, da ich bereits im Planungsprozess die Stammgruppenzusammensetzung festgelegt hatte. Hinzu kam, dass jeder Schüler sofort die Namen seiner Stammgruppenpartner durch den jeweiligen Vermerk auf den Selbstlernmaterialien erfuhr, woraufhin sich die Gruppen zügig zusammenfanden. Die Lerngruppe hatte überdies im Vorfeld des SOL-Arrangements erste Erfahrungen mit dem Gruppenpuzzle gesammelt, die nun den Ablauf der einzelnen Phasen erheblich vereinfachten.

Das ordnende Moment des Lehrers war in dieser Phase deutlich zu erkennen. Gerade in einer 8. Jahrgangsstufe ist es m.E. nach noch notwendig einige organisatorische Entscheidungen für die Lerngruppe zu treffen. Dies gilt besonders dann, wenn die Schüler wie in diesem Fall selbst bei herkömmlichen Gruppenarbeiten noch Erfahrungs- bzw. Übungsbedarf haben. Aufgabe ist es, die Schüler immer mehr zum Selbstorganisierten Lernen hinzuführen. Im weiteren Verlauf des SOL-Arrangements sollten sie dazu noch ausgiebig Gelegenheit erhalten.

In einem fortgeschritteneren Stadium der Lerngruppe könnten sich die Schüler z.B. selbständig zu Stammgruppen formieren, ohne dass die Lehrkraft darauf Einfluss nimmt. Dadurch könnte die Lehrkraft gemäß der Leitidee beim Selbstorganisierten Lernen noch stärker aus dem Mittelpunkt des Unterrichtsgeschehens zurücktreten. Andererseits war es ja durch dieses Eingreifen meinerseits beabsichtigt eine Homogenität bei den Arbeitsgruppen zu gewährleisten. Darauf wird aber zu einem späteren Zeitpunkt näher eingegangen.

Im Gegensatz zum Gruppenpuzzle bei Herold/Landherr[55] hatte ich mich bereits bei der Planung der Unterrichtseinheit dazu entschieden gewisse Veränderungen vorzunehmen. So entschied ich mich u.a. dafür, dass nach der Stammgruppenbildung und Aufteilung der einzelnen Stoffgebiete innerhalb dieser Gruppe auch die individuelle Bearbeitung der Selbstlernmaterialien dort stattfinden soll. Diese Entscheidung hat sich m.E. positiv ausgewirkt, da durch sie eine konstruktive Arbeitsatmosphäre geschaffen wurde.

---

[55] Vgl. Herold/Landherr 2003, S. 8f.; 22f.

Trotz der ordnenden Rolle des Lehrers bei dem Gruppenfindungsprozess war auch dieser mit dem dabei immer anzutreffenden Mindestmaß an kollektiver Unruhe verbunden. Da die Stammgruppenbildung und Aufteilung der Selbstlernmaterialien gewöhnlich sehr schnell verläuft, hätte kurze Zeit darauf wieder ein Gruppenfindungsprozess, diesmal der von den Expertengruppen, stattgefunden. Dies wäre hinsichtlich der ersten Phase des Kenntniserwerbs durch die Schüler kontraproduktiv gewesen. So konnte nach der Aufteilung der Stoffgebiete eine effektive Stillarbeitsphase zur Wissensaufnahme stattfinden. Außerdem erachte ich es für sinnvoll, wenn sich die einzelnen Phasen des Gruppenpuzzles vom zeitlichen Umfang her nicht zuviel voneinander unterscheiden, damit die Schüler einen ausgeglichenen Arbeitsrhythmus finden können.

Beim Durchgang durch die Reihen war zu beobachten, dass die Schüler die Arbeitsmaterialien sehr sorgfältig bearbeiteten, indem sie engagiert die wichtigsten Textstellen unterstrichen und die ihnen wichtig erscheinenden Gedankengänge stichpunktartig notierten. In diesem Zusammenhang erwies sich auch die begriffliche Entlastung der Texte als vorteilhaft, da ich nur vereinzelt von Schülern zwecks Begriffserklärungen und Sinnzusammenhängen in Anspruch genommen wurde. Zudem schienen die Selbstlernmaterialien dem Leistungsniveau der Lerngruppe zu entsprechen.

Ich stellte außerdem fest, dass einige Schüler sich zu den auf den Notierbögen stehenden Fragen kurze Heftnotizen machten, um diese für die anschließende Expertengruppe nutzen zu können. Dies sprach sich auch bei ihren Mitschülern herum, sodass diese sich ebenfalls dazu Notizen machten, um auf die Expertengruppe vorbereitet zu sein. Vielleicht ist es beim nächsten Mal ratsam, dass man diesbezüglich einen Hinweis in den Arbeitsaufträgen gibt, da man nicht davon ausgehen kann, dass erneut so verfahren und dadurch die Expertengruppenarbeit besser vorbereitet wird.

Meinen Beobachtungen zufolge waren die Schüler bei dieser vierzigminütigen individuellen Arbeitsphase sehr motiviert, was ich auf den zu Beginn der Stammgruppenarbeit stattgefundenen kollektiven Entscheidungsprozess zurückführe. Hier hatten die Schüler die Auswahl zwischen drei verschiedenen Teilgebieten und konnten, vorausgesetzt ihre Gruppenmitglieder erklärten sich damit einverstanden, ihrem Interesse folgend eines davon zur Bearbeitung auswählen. Diese an die Schüler delegierte Selbstverantwortung und Selbstorganisation trug m.E. entscheidend zu einem motivierenden und dadurch ebenso effektiven Erkenntniserwerb in dieser Stammgruppenphase bei.

Da die für die erste Stammgruppenarbeitsphase sehr großzügig veranschlagten vierzig Minuten vollkommen ausreichend waren, konnten sich die Schüler nach etwa sechzig

Unterrichtsminuten in den Expertengruppen zusammenfinden. Die Expertengruppen waren schnell gebildet, da auf den Selbstlernmaterialien ein Vermerk vorhanden war, welcher der jeweils zwei Expertengruppen die Schüler angehören. Bei insgesamt 31 Schülern ist diese Vorgehensweise ratsam, zudem sich diese Lerngruppe erfahrungsgemäß leicht von störenden Faktoren bzw. Rahmenbedingungen ablenken lässt. Mit zunehmender Reife und Übung sollen auch dieser Lerngruppe solche Selbstorganisationsprozesse durch die Lehrkraft in Eigenverantwortung übertragen werden.

Nun begannen die Schüler sich gegenseitig ihre erarbeiteten Ergebnisse zu berichten. Hierbei konnte man bei den Schülern deutlich feststellen, dass ihnen diese neue Arbeitssituation Freude bereitete. Dies ist zum Einen sicherlich darauf zurückzuführen, dass die neue Gruppenzusammensetzung die Schüler positiv beeinflusst hat, zum Anderen stellte der Wechsel von einer individuellen zu einer kollektiven Arbeitsphase einen motivationsfördernden Faktor dar.

Innerhalb der einzelnen Expertengruppen entwickelte sich geradezu ein Wettstreit darüber, wer von den Gruppenmitgliedern die besten Ergebnisse, speziell in Bezug auf die nun gemeinsam auf den Notierbögen zu lösenden Fragen, herausgearbeitet hat. Einzelne Schülerbeiträge wurden sofort von den anderen Gruppenmitgliedern kritisch bewertet und qualitativ zu überbieten versucht. Jedoch gab es auch einzelne Schüler, die sich in die lebhaften Gespräche in ihren Gruppen nicht gleichwertig einbringen konnten. Dabei handelte es sich in erster Linie um Schüler, die auch am sonstigen Unterrichtsgeschehen weniger aktiv teilnehmen. Um auch solche zurückhaltende Schüler stärker mit einzubeziehen, könnte man eventuell bei den Arbeitsaufträgen festlegen, dass jeder Experte der Reihe nach eines seiner erarbeiteten Ergebnisse in die Expertenrunde einbringen muss. Dadurch würde man die Gruppe in Verantwortung nehmen, da sie als Kollektiv darauf zu achten hätte, dass sich jedes Gruppenmitglied beteiligt und von seinen Mitschülern gehört wird.

Die auf den Notierbögen gestellten Fragen konnten aufgrund der schriftlich fixierten Vorarbeit der Schüler schnell beantwortet und niedergeschrieben werden. Dabei zeichnete sich die Lerngruppe in der Hinsicht aus, dass man wirklich versucht hat die zuvor einzeln erarbeiteten Ergebnisse nun gemeinsam zu optimieren. Bei dem anschließenden gegenseitigen Abfragen konnte man ferner feststellen, dass sich die Experten mit ihrem Stoffgebiet recht gut auskannten. Qualitative Unterschiede bestanden zwischen der Leistungsspitze der Lerngruppe und den leistungsschwächeren Schülern darin, dass letztere entgegen dem Arbeitsauftrag doch das ein oder andere Mal den Notierbogen zur Beantwortung der Fragen zu Hilfe nehmen mussten. In dieser Phase des Gruppenpuzzles kann man sowohl von einer Festigung als auch einer Sicherung der Kenntnisse sprechen, die beide eine Grundlage für die spätere Wissensvermittlung in den Stammgruppen sind.

Nun fand in den Expertengruppen ein Wechsel zu einer individuellen Arbeitsphase statt, der sogleich einen Rollenwechsel für die Schüler bedeutete, da sie nun in die Lehrerrolle treten mussten, um ihr Wissen an ihre Mitschüler weitergeben zu können. Man merkte den Schülern an, dass es ihnen schwer fiel diese Funktion wahrzunehmen. Ihnen war bewusst, dass sie ihren Stammgruppenpartnern in der kürze der Zeit alle wesentlichen Informationen auf eine übersichtliche Art und Weise zu vermitteln hatten. Auch beim Konzipieren geeigneter Hilfsmittel traten Probleme auf.

Einige Schüler stellten Stichpunktlisten her, andere Schüler entwarfen kleine Mind-Maps, um ihre Ergebnisse für ihre Mitschüler zu visualisieren und damit eine bessere Vermittlung von Fachwissen zu ermöglichen. Es verging viel Zeit, bis man sich schließlich für ein Hilfsmittel entschieden hatte. Somit musste die weitere detaillierte Vorbereitung auf die in der nächsten Unterrichtsdoppelstunde folgende Stammgruppenarbeitsphase in die Hausaufgabe verlegt werden. Dies bot sich an, da diese Vorbereitung auch in der Unterrichtsplanung als letzte Arbeitsphase für diese Doppelstunde vorgesehen war und zudem individuell stattzufinden hatte. Daher ist es bei zukünftigen Planungen ratsam, dass man diese

Vorbereitungsphase von Beginn an in die Hausaufgabe einplant, um die Unterrichtsstunde zeitlich zu entlasten.

Zu Beginn der nächsten Doppelstunde fanden sich die Schüler wieder in ihren Stammgruppen zusammen, um sich gegenseitig in ihren Teilgebieten zu unterrichten. Es schien so, als wenn der Großteil der Lerngruppe die zeitliche Distanz zwischen der ersten und dieser zweiten Doppelstunde genutzt hatte, um sich nochmals intensiv mit den neu erworbenen Kenntnissen und der nun folgenden Wissensvermittlung in den Stammgruppen auseinanderzusetzen. Aufgrund vereinzelter Gespräche mit Schülern kam ich zu dem Schluss, dass ihre Verantwortung gegenüber ihren Mitschülern der ausschlaggebende Faktor für ihre individuelle Leistungsbereitschaft war.

Als richtige Entscheidung erwies sich, dass die Lerngruppe zu Beginn der Stammgruppenarbeit durch mich mit den Notierbögen ihrer übrigen Stammgruppenmitglieder ausgestattet wurde. Bei der nun folgenden Wissensvermittlung konnten die Schüler sich darauf gezielt Notizen zu den beiden anderen Teilgebieten machen. Dadurch wurden die neu erworbenen Kenntnisse strukturiert gesichert, was sowohl für die Übersicht und das Verständnis als auch die nachhaltige Kenntnissicherung bei den Schülern förderlich ist.

Nach ungefähr dreißig Minuten war die Wissensvermittlung abgeschlossen, sodass sich die Stammgruppen auf ein abschließendes Zwei-Minuten-Statement vorbereiten konnten. Aus zeitlichen Gründen konnten lediglich fünf Stammgruppen ihr gemeinsam erarbeitetes Statement abgeben. Dadurch zeigte sich, dass die Zusammenführung der Kenntnisse zu den drei Revolutionen von 1789 anscheinend geglückt war. Bei den Schülern schien auch eine Erleichterung darüber vorzuherrschen, dass man lediglich mithilfe der Selbstlernmaterialien diese umfangreiche Stoffbearbeitung geschafft hatte.

Die bereits in den didaktisch-methodischen Entscheidungen angestrebte Homogenität der Stammgruppen sowohl in Bezug auf ein ausgleichendes Leistungsspektrum als auch auf ausgleichende soziale Kompetenzen haben entscheidend zu einer konstruktiven und über einen derart langen Zeitraum konstant funktionierenden Gruppenarbeitsphase beigetragen. Die Ausgewogenheit innerhalb der Stammgruppen schaffte ein allseits angenehm empfundenes Arbeitsklima.

4.4 Unterrichtsphase: Sortieraufgabe und Strukturlegen

4.4.1 Durchführung und Analyse

Zur weiteren Verarbeitung sowie nachhaltigen Speicherung der neu erworbenen Kenntnisse wurde nun im zweiten Teil der Doppelstunde zur Sortieraufgabe mit dem daran anschließenden Strukturlegen übergegangen. Obwohl sich die

Lerngruppe schon insgesamt drei Unterrichtsstunden mit den drei Revolutionen von 1789 beschäftigt hatte, schien die Motivation gegenüber diesem Thema immer noch groß genug zu sein, was m.E. nicht zuletzt auf ständige „systematische Wechsel von kollektiven Phasen der Wissensaufnahme und der individuellen Wissensverarbeitung"[56] zurückzuführen ist.

Ungefähr ein Drittel der Lerngruppe, zu dem auch geschlossen die Leistungsspitze zählt, ging bei der Sortieraufgabe äußerst gewissenhaft vor. Dies merkte man u.a. daran, dass diese Schüler sich mit einigen Kärtchen, die ihnen augenscheinlich Schwierigkeiten bereiteten, sehr intensiv auseinandersetzten, wohingegen schwächere Schüler diese Karten m.E. unverrichteter Dinge schneller beiseite legten und dies nicht immer auf den „weiß ich nicht"-Stapel. Dies war ja bereits bei der Reihenplanung in Betracht gezogen worden und ist auch nicht weiter schlimm, da man den Schülern noch einige Zeit zugestehen muss, bis sie die selbstverantwortliche und selbstorganisierte Optimierung ihres individuellen Lernprozesses verinnerlicht haben.

Bei der anschließenden Fragerunde bot sich für die Schüler die Gelegenheit Unklarheiten bezüglich einzelner Begriffe in ihrer Stammgruppe zu klären. Davon wurde rege Gebrauch gemacht. Nur in wenigen Fällen wurde dabei meine Hilfe in

---

[56] Vgl. Herold/Landherr 2003, S. 8.

Anspruch genommen, da die Experten für alle drei Teilgebiete in der Lage waren Rede und Antwort zu geben. Es schien sich für mich zu bestätigen, dass die Hilfe durch Mitschüler bevorzugter angenommen wird, als die durch eine Lehrkraft. Dadurch wird der Gefahr vorgebeugt, dass Unklarheiten im Unterricht von Seiten der Schüler nicht angesprochen und aufgrund dessen nicht abschließend geklärt werden können.

Nach der zehnminütigen Fragerunde konnte ich während des Strukturlegens Zeuge davon werden, was in den Köpfen der Schüler im Zusammenhang mit der gemeinsam erarbeiteten Unterrichtsthematik vor sich geht. Dabei kamen in der Lerngruppe einunddreißig verschiedene Variationen zum Vorschein, die allesamt eine interessante und nachzuvollziehende Struktur aufwiesen. Nur bei wenigen Schülern entdeckte ich einzelne Kärtchen, deren Anordnung für mich und auf Nachfrage auch bei den betroffenen Schülern selbst auf Skepsis stieß. Als Beispiel für eine m.E. besonders gelungene und in sich schlüssige Struktur, sei an dieser Stelle auf das Arbeitsergebnis von Susanne verwiesen.[57] Auffällig dabei ist die Tatsache, dass sie sich bei der Grundstruktur anscheinend von dem Advance Organizer inspirieren hat lassen.

---

[57] Siehe Kapitel 7. Dokumentation: Strukturlegen.

Daraus schließe ich, dass der Advance Organizer sowohl zur Vernetzung neuer Stoffgebiete als auch dem besseren Verstehen von neuen Fachkenntnissen beigetragen hat. Damit müsste im Zusammenspiel mit dem Strukturlegen auch die Grundlage für ein langfristiges Behalten derselbigen gelegt sein.

5. Evaluation und Gesamtreflexion

Zum Ende der 8. Unterrichtsstunde und damit auch zugleich zum Ende des SOL-Arrangements wurde in der Lerngruppe eine kurze Lernerfolgskontrolle durchgeführt. Hier galt es zu überprüfen, ob die zuvor durch die Schüler gegenseitig vermittelten umfangreichen Kenntnisse zu den drei Revolutionen von 1789 wirklich bei allen Schülern angekommen waren und in ihrem Gedächtnis einen Ankerplatz gefunden haben.

Zu diesem Zweck wurde von mir ein „Criss-Cross Puzzle"[58] entworfen, das insgesamt fünfzehn Kenntnisfragen zu der o.g. Unterrichtsthematik während des Selbstorganisierten Lernens enthielt. Die Schüler sind in der Bearbeitung von Kreuzworträtseln sehr geübt, da diese schon häufiger zum Einsatz kamen und von ihnen mit viel Freude gelöst werden.

---

[58] Vgl. http://www.puzzlemaker.com/CrissCrossSetupForm.html (aufgerufen am 28.04.2004).

Im Übrigen gestatten sie es auf spielerische Art und Weise das Kenntniswissen der Schüler exakt zu evaluieren.

Der Lerngruppe standen zwecks Bearbeitung zwanzig Minuten zur Verfügung, die zwar voll ausgeschöpft wurden, aber keinen Schüler in besondere zeitliche Bedrängnis brachten. Nach Durchsicht dieser Lernerfolgskontrolle ist ein erstaunlich guter Notendurchschnitt von 1,9 zu vermerken. Dies ist sicherlich auch auf die unmittelbare Durchführung der Lernerfolgskontrolle im Anschluss an Erarbeitung, Vermittlung, Verarbeitung, Strukturierung sowie Übung der erworbenen Kenntnisse zurückzuführen. Andererseits muss man aber auch dem Selbstorganisierten Lernen zugestehen, dass es anscheinend in der Lage ist umfangreiche Kenntnisse von Schülern für Schüler qualitativ gut vermitteln zu können.

Um sowohl die Effektivität als auch die Nachhaltigkeit des Kenntniserwerbs beim Selbstorganisiertem Lernen vorerst abschließend zu evaluieren, wurde zum Ende der Unterrichtseinheit „Französische Revolution" in der 13. Unterrichtsstunde eine zweite Lernerfolgskontrolle durchgeführt.

Bei dieser Lernerfolgskontrolle handelte es sich um eine Überprüfung der Anforderungsebenen Kennen, Anwenden und Beurteilen. Dabei wurde das gesamte Stoffgebiet zur Unterrichtseinheit „Französische Revolution" berücksichtigt. Gemäß dem Darstellungsschwerpunkt dieser Arbeit soll die Evaluation hier auf einen Teilausschnitt dieser Lernerfolgskontrolle fokussiert werden, der aus zwei Kenntnisfragen zum Themengebiet der drei Revolutionen von 1789 besteht.

Da zwischen dieser Lernerfolgskontrolle und der bereits oben beschriebenen ein zeitlicher Abstand von drei Wochen bestand und sich die Schüler aufgrund ihres nicht angekündigten Stattfindens in keinerlei Weise speziell darauf vorbereiten konnten, kann man in Bezug auf einen eventuell nachhaltigen Erwerb von Kenntnissen zumindest einige Indizien anführen.

Der bei dieser Arbeit erzielte Notendurchschnitt von 2,7 war zwar deutlich schlechter, als der bei dem „Criss-Cross Puzzle". Dennoch grenzt er sich auch recht deutlich von den beiden ersten Lernerfolgskontrollen dieses Schulhalbjahres mit den Durchschnittsnoten 3,6 bzw. 3,1 ab. Dabei fällt besonders auf, dass die Lerngruppe gerade bei den beiden Kenntnisfragen über „Das Jahr 1789 – ein Jahr, drei Revolutionen" überdurchschnittlich gute Kenntnisse vorweisen konnte. Entsprechende Auszüge aus mehreren Lernerfolgskontrollen der Lerngruppe belegen dies.[59] Dies ist m.E. auf das Selbstorganisierte Lernen zurückzuführen, das durch die außerordentlich intensive und wirksame Vernetzung von Fachwissen die Grundlage für einen ebenso nachhaltigen Erwerb von Kenntnissen leistet. Es wäre interessant zu überprüfen, inwieweit man bei dieser Lerngruppe nach einigen Wochen

---

[59] Siehe Kapitel 7. Dokumentation: Evaluation des Kenntniserwerbs.

bzw. Monaten noch von nachhaltig gesicherten Kenntnissen sprechen kann.

Im Rahmen des SOL-Arrangements hat sich für mich herausgestellt, dass in der Arbeit mit dem Selbstorganisierten Lernen nicht nur Möglichkeiten zur Optimierung der methodischen, sozialen und personalen Kompetenzen, sondern auch der Fachkenntnisse der Schüler liegen. Ausgehend von einem erhöhten Maß an Motivation fällt dabei besonders die Schüleraktivität auf. Diese Aktivität wird m.E. durch den Wechsel von individuellen und kollektiven Arbeitsphasen hervorgerufen. Dabei ist die Struktur eines SOL-Arrangements so angelegt, dass ein Rückzug der Schüler in die Passivität nahezu unmöglich ist.

Nicht zu vernachlässigen sind auch die aufwendig gestalteten Arbeitsmaterialien. Hier heben sich der Advance Organizer, der Informations- und Notierbogen sowie die Kärtchen für die Sortieraufgabe bzw. das Strukturlegen besonders hervor, die das Interesse der Schüler an einer Unterrichtsmitarbeit erheblich fördern. Meiner Meinung nach ist diese Schüleraktivität eine entscheidende Grundvoraussetzung dafür, dass sich die Schüler aktiv und damit auch bedeutend intensiver mit den Unterrichtsinhalten auseinandersetzen. Folge davon ist schließlich eine effektive und nachhaltige Aneignung von neuen Kenntnissen.

Zu Beginn des Selbstorganisierten Lernens war bei den Schülern deutlich eine Unsicherheit zu spüren, da sie es nicht gewohnt waren, dass sich die Lehrkraft über einen längeren Zeitraum komplett oder zumindest größtenteils aus dem Lernprozess zurückzieht. Dies beruhte auch auf Gegenseitigkeit. Durch den Advance Organizer und die auf dem Notierbogen detailliert aufgeführten Arbeitsaufträge, die gleichzeitig auch einen Ablaufplan für das zeitintensivste Element, das Gruppenpuzzle, darstellten, konnte den Schülern die notwenige Orientierung gegeben werden, die für das Gelingen der aufeinander aufbauenden Arbeitsphasen und damit den Kenntniserwerb notwendig war.

Ein weiterer wichtiger Faktor für den erfolgreichen Erwerb von Kenntnissen war m.E. die gestiegene Eigenverantwortung der Schüler für sich und ihre Mitschüler. Jedem Schüler war bewusst, dass seine eigene Leistungsbereitschaft entscheidenden Einfluss auf den Lernfortschritt seiner Mitschüler hat. Dadurch wurde gewissermaßen ein kollektiver Druck aufgebaut, wie er z.B. bei Mannschaftssportarten auftritt und verborgene Leistungsreserven zu Tage fördert. Dies kam letztendlich nicht nur der Wissensvermittlung gegenüber ihren Mitschülern zu Gute, sondern auch ihrer eigenen Wissensaneignung. Diesbezüglich kann man wahrhaftig von einer Optimierung des Lernprozesses und einer effektiven Aneignung von unterrichtsinhaltlichen Kenntnissen sprechen.

An dieser Stelle soll nun auf die eigene Unterrichtstätigkeit beim Selbstorganisierten Lernen eingegangen werden. Bei dem Vorhaben ein SOL-Arrangement im Unterricht zu realisieren, spielt die Planungsphase eine entscheidende Rolle. Mindestens in dem Maß, wie die Lehrkraft sich während der Durchführung aus dem Zentrum des Unterrichts zurückziehen muss, muss sie sich bei der Planung durch Kreativität, Sorgfältigkeit und Organisation einbringen. Unbedingt zu berücksichtigen ist, dass spätestens unmittelbar vor dem Beginn einer solchen Unterrichtseinheit, die sich meistens über mehrere Stunden, eventuell auch Wochen, hinweg zieht, sämtliche Planungen und Selbstlernmaterialien fertig gestellt sein müssen.

Damit sich der Lehrer während des SOL-Arrangements zurückziehen kann, müssen im Vorfeld alle Eventualitäten und mögliche Fragen der Schüler geklärt sowie Hindernisse aus dem Weg geräumt sein. Dazu benötigt man einen enormen Zeitaufwand, ohne den dies nicht zu bewerkstelligen ist. Wenn man schon vorher weiß, dass dafür nicht genügend Zeit zur Verfügung steht, sollte man lieber bei herkömmlichen Unterrichtsstrukturen bleiben, die diesbezüglich flexibler zu planen sind und die man deshalb auch leichter den aktuellen Gegebenheiten anpassen kann.

Die Schüler der 8. Jahrgangstufe haben nun erste Erfahrungen mit einem SOL-Arrangement gesammelt, bei dem sie ihre Lernprozesse ansatzweise selbst organisieren konnten. Ein Teil der Verantwortung wurde somit an jeden einzelnen Schüler übertragen. Dies soll den Grundstock für zukünftige Unterrichtseinheiten im Rahmen des Selbstorganisierten Lernens bilden. Ziel muss es dabei sein die Selbstverantwortung und Selbstorganisation der Schüler für ihren individuellen Lernprozess kontinuierlich zu erweitern. Diesbezüglich müssen sie u.a. an die eigenständige Materialrecherche als Grundlage für die Wissensaneignung mit dem Ziel der Wissensvermittlung herangeführt werden.

Da ich diese Lerngruppe nur noch kurze Zeit betreuen werde, kann ich sie auf dem weiteren Weg des Selbstorganisierten Lernens leider nicht mehr begleiten. Allerdings bin ich bereits mit meinem Nachfolger in Kontakt getreten und habe ihn hinreichend über den systemischen Ansatz des Selbstorganisierten Lernens in Kenntnis gesetzt, dem er mit großem Interesse gegenübersteht, sodass die Lerngruppe den von mir eingeschlagenen Weg hoffentlich weiter beschreiten kann.

6. Literatur

Aronson, E. (1978): The jigsaw classroom. Beverly Hills.

Askani, Bernhard (1989): „Paris 1789. Die Pariser Bevölkerung zwischen Revolte und Revolution." In: Praxis Geschichte, 1/1989. S. 20-24.

Berlin, Jörg (1989): „Bauern in der Französischen Revolution." In: Praxis Geschichte, 1/1989. S. 15-19.

Burke, E. (1991): Über die Französische Revolution: Betrachtungen und Abhandlungen. Berlin.

Criss-Cross Puzzle (2004): http://www.puzzlemaker.com/CrissCrossSetupF orm.html (aufgerufen am 28.04.2004).

Frey-Eiling, A./Frey, K. (2000): „Das Gruppenpuzzle." In: Wiechmann, Jürgen (Hrsg.): Zwölf Unterrichtsmethoden. Weinheim; Basel. S. 50-57.

Greber, Ludwig (1989): Stundenblätter. Die Französische Revolution: Sekundarstufe I. Stuttgart.

Herold, M./Landherr, B. (2003): Selbstorganisiertes Lernen: SOL; ein systemischer Ansatz für Unterricht. Berlin; Weilheim/Teck.

Herold, M./Landherr, B. (2001): Selbstorganisiertes Lernen: SOL; ein systemischer Ansatz für Unterricht. Hohengehren.

Mathiez, A. (1940): Die Französische Revolution. 2 Bände. Zürich.

Mickel, Wolfgang W. (Hrsg.) (1999): Geschichte, Politik und Gesellschaft. Bd. 1: Von der Französischen Revolution bis zum Ende des 2. Weltkrieges. Berlin.

Rohlfes, Joachim (1999): „Die Französische Revolution." In: GWU 50, 3/99. S. 171-180.

Schmitt, E. (1976): Einführung in die Geschichte der Französischen Revolution. München.

Senatsverwaltung für Schule, Jugend und Sport (Hrsg.) (2000): Vorläufiger Rahmenplan für Unterricht und Erziehung in der Berliner Schule. Klassen 7 bis 10. Fach Geschichte. Berlin.

Wagener, Elmar (1989): „Von der Krise des alten Staates zur bürgerlichen Neuordnung." In: Praxis Geschichte, 1/1989. S. 6-14.

7. Dokumentation

Zeitplan zum SOL-Arrangement

„Das Jahr 1789 – ein Jahr, drei Revolutionen"

15 Minuten	**Advance Organizer**	Präsentation Advance Organizer
40 Minuten		Stammgruppenbildung und Wahl der Expertenthemen, Einlesen und individuelle Bearbeitung der Arbeitsmaterialien in den **Stammgruppen**
35 Minuten	**Gruppenpuzzle**	Informationsaustausch in den **Expertengruppen**, Bearbeitung der Notierbögen und Vorbereitung auf die Wissensvermittlung in den Stammgruppen
45 Minuten		Wissensvermittlung in den **Stammgruppen**, Vorbereitung für Zwei-Minuten-Statements, Präsentation einiger Statements
15 Minuten	**Sortieraufgabe/ Strukturlegen**	Sortieraufgabe
10 Minuten		Fragerunde
15 Minuten		Strukturlegen
5 Minuten		zusammenfassender Lehrervortrag
90 Minuten		Kontrollfragen und Übungsaufgaben mit abschließender Lernerfolgskontrolle und Evaluationsrunde

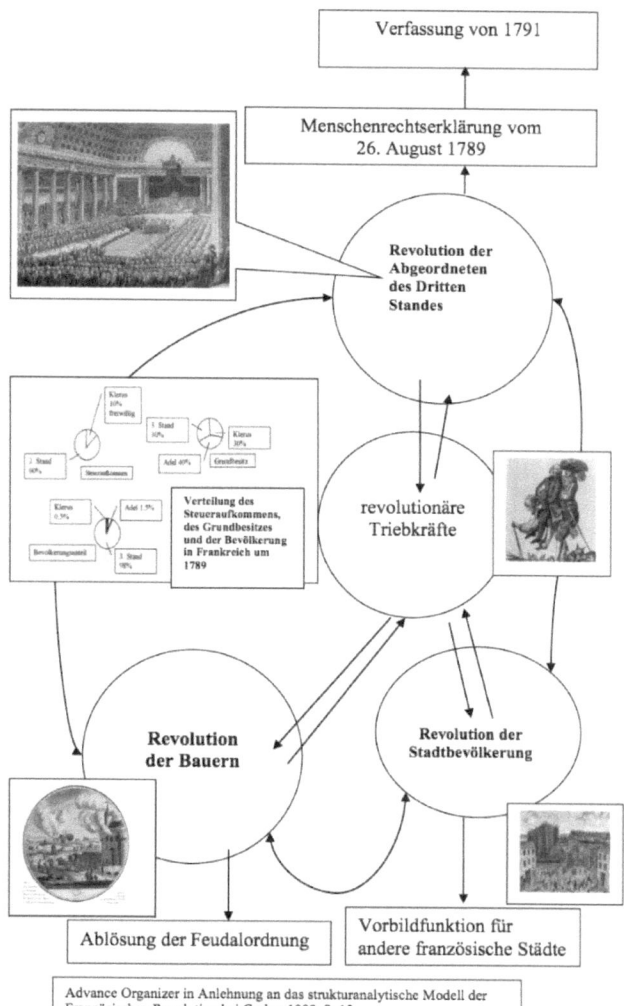

Advance Organizer
„Das Jahr 1789 – ein Jahr, drei Revolutionen"

Verfassung von 1791

Menschenrechtserklärung vom
26. August 1789

Revolution der
Abgeordneten
des Dritten
Standes

revolutionäre
Triebkräfte

Verteilung des
Steueraufkommens,
des Grundbesitzes
und der Bevölkerung
in Frankreich um
1789

Revolution
der Bauern

Revolution der
Stadtbevölkerung

Ablösung der Feudalordnung

Vorbildfunktion für
andere französische Städte

Advance Organizer in Anlehnung an das strukturanalytische Modell der
Französischen Revolution bei Greber 1989. S. 12.

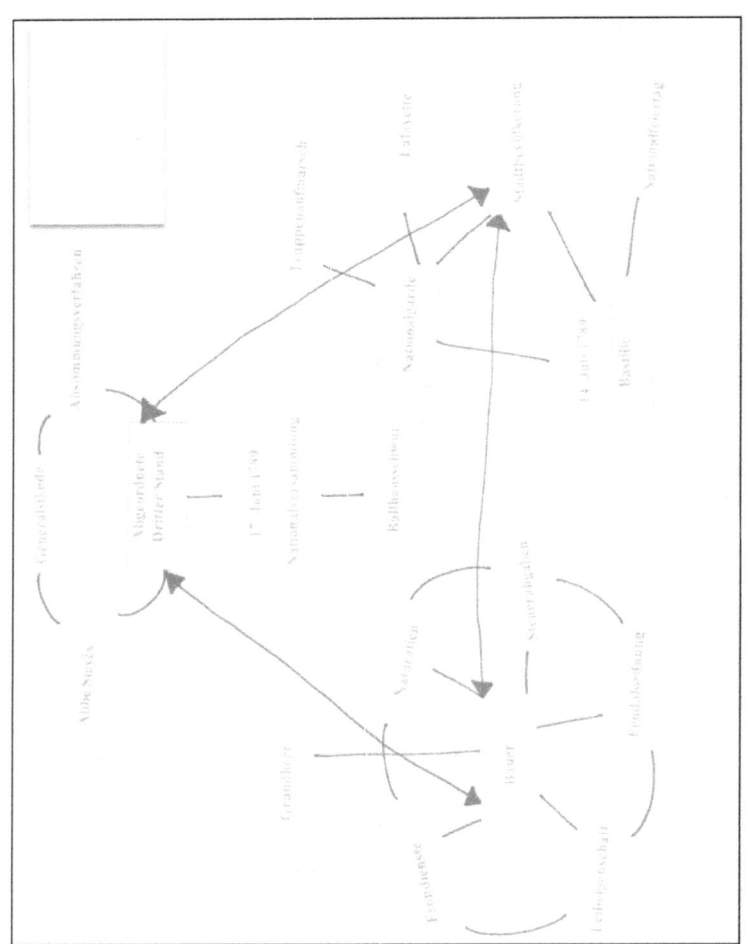

Evaluation des Kenntniserwerbs

Auszug aus dem Erwartungshorizont der Lernerfolgskontrolle zur
„Französischen Revolution":

Was und Wer ist die Nationalversammlung? (2 Punkte)
- Versammlung gewählter Volksvertreter mit dem Ziel Frankreich eine
Verfassung zu geben
- Vertreter aller drei Stände

Nenne drei Forderungen des Dritten Standes? (3 Punkte)
- Abstimmung nach Köpfen in der Generalständeversammlung
- Abschaffung der Steuerprivilegien für Adel und Klerus
- Abschaffung der Feudalordnung (Leibeigenschaft, Frondienste)
- Festschreibung der Rechte des Königs, der Regierung und der Abgeordneten
- Gleichheit aller Bürger vor dem Gesetz
- Möglichkeit des freien Zugangs aller Bürger zu allen öffentlichen Ämtern
- Teilhabe an den politischen Entscheidungen

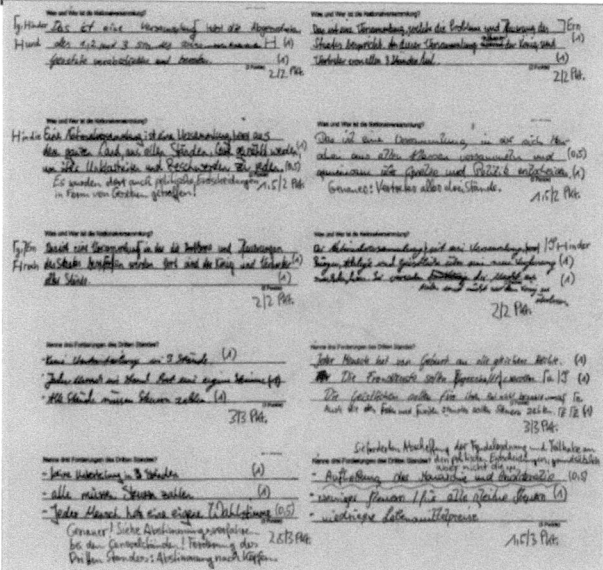

Bei den obigen Abbildungen handelt es
sich um korrigierte und benotete Auszüge aus dem Kenntnisbereich einer Lernerfolgskontrolle zur Französischen Revolution.

Zeitfracht Medien GmbH
Ferdinand-Jühlke-Straße 7
99095 Erfurt, Deutschland
produktsicherheit@kolibri360.de